(2⁵⁰

D1522348

A MODERN
PERSIAN PROSE READER

BY THE SAME AUTHOR

Modern Persian Prose Literature
(Cambridge University Press, 1966)

A MODERN
PERSIAN PROSE
READER

BY

H. KAMSHAD

CAMBRIDGE
AT THE UNIVERSITY PRESS
1968

Published by the Syndics of the Cambridge University Press
Bentley House, 200 Euston Road, London, N.W.1
American Branch: 32 East 57th Street, New York, N.Y.10022

This collection © Cambridge University Press 1968

Library of Congress Catalogue Card Number: 68–22663

Standard Book Number: 521 07077 5

Printed in Great Britain
at the University Printing House, Cambridge
(Brooke Crutchley, University Printer)

CONTENTS

CONTENTS

PREFACE

This volume of Persian language texts is designed to accompany the author's *Modern Persian Prose Literature* (Cambridge, 1966), and contains representative passages from the works of the more important Iranian writers of the last hundred years. The selections, from twenty-six different sources, are intended to familiarize the foreign student with both the main trends and the style of the writings of the period.

Except for certain omissions (indicated in each case) and some minor additions to punctuation, the original texts have not been changed in any way. Each group of extracts is prefaced by a brief account of the life and writings of the author concerned, with particular emphasis on the works from which the passages are derived. These introductory remarks—largely taken from *Modern Persian Prose Literature*—are of necessity very general in nature, and those interested in a fuller treatment are recommended to consult the earlier work, page-references to related sections of which are provided at the end of each extract.

Foreign students often have difficulty in deciphering, as they appear in Persian script, the many European words and terminologies that are commonly used in modern Persian, especially in the case of new techniques and inventions; the original spelling of all foreign terms is, therefore, given in the footnotes. Also, notes on a number of historical persons, religious ceremonies and literary or linguistic points that may not be known to a non-Iranian reader are given at the end of the book, and indicated by arabic numerals in the text.

The glossary is primarily designed to give the meaning in the particular context of the more difficult words, and of slang expressions and idioms; additional definitions are given when this is thought to be useful for the student. Although no transliteration has been provided in the glossary, the vowels are indicated by the diacritical marks *fatha*, *kesra* and *damma*, the traditional rule of

Primers and Readers found in use in Iran, in the hope that this will enable the student to grasp more readily the correct pronunciation of the word.

H. K.

Tehran
July 1967

I

میرزا ملکم خان (ناظم الملك)

Born in Isfahan of Armenian parents in 1833, Mīrzā Malkom Khān (the *Nāẓimu'l-Mulk*) should be regarded as the true forerunner of modern Persian prose writers. In early childhood he was sent to study abroad, and he returned home so influenced by western civilization that he devoted the rest of his life to the advocacy of European culture and systems of government.

The pamphlet *Kitābcha-yi Ghaybī* (1859), from which the following extract is taken, was written as a guide to rulers for the reformation of the state. Though he served as Iranian ambassador in London and Rome for a number of years, his critical views often earned him the disfavour of the establishment who frequently sent him into exile. His famous newspaper, the *Qānūn*, which appeared in London and was very effective in arousing the Constitutional movement, was the fruit of one of these banishments.

Malkom Khān's style was remarkably simple and expressive for his time, and set the fashion for younger writers and journalists in subsequent years. Many of the new terms he employed in his writings passed into the current usage of the time and some are still used in official language today.

از کتابچه غیبی یادفتر تنظیمات

مثلاً هرگاه دوهزار نفر آدم بسیار عاقل ایرانی جمع بشوند و تا یکسال باهم خیال بکنند که بانك(۱) چه چیز است یقیناً در اولین نقطه آن معطل خواهند ماند. عقل فرنگی بهیچوجه بیشتر از عقل ما نیست، حرفی که هست در علوم ایشان است و قصوریکه داریم این است که هنوز نفهمیده ایم که

(۱) bank.

فرنگی ها چقدر از ما پیش افتاده اند. ما خیال میکنیم که درجه ترقی آنها همانقدر است که در صنایع ایشان می بینم و حال آنکه اصل ترقی ایشان در آئین تمدن بروز کرده است و برای اشخاصی که از ایران بیرون نرفته اند محال و ممتنع است که درجه این نوع ترقی فرنگ را بتوانند تصور نمایند. این مطلب عمده را نمیتوانم بیان بکنم مگر به تشبیه مطالب مانوس. کارخانجات یوروپ [اروپا][1] بردو نوع است: یك نوع آنرا از اجسام و فلزات ساخته اند و نوع دیگر از افراد بنی نوع انسان ترتیب داده اند. مثلاً از چوب و آهن یك کارخانه ساخته اند که از یك طرف پشم میریزند و از طرف دیگر ماهوت برمیدارند و همچنین از بنی نوع انسان یك کارخانه ساخته اند که از یك طرف اطفال بی شعور میریزند و از سمت دیگر مهندس و حکمای کامل بیرون میآورند. محصول کارخانجات فلزی کم و بیش در ایران معروف است، مثل ساعت و تفنگ و تلگراف[۲] و کشتی‌بخار. از وضع ترتیب این قسم کارخانجات فی‌الجمله اطلاعی داریم اما از تد ابیر و هنریکه فرنگیها در کارخانجات انسانی بکار برده اند اصلاً اطلاعی نداریم. مثلا هیچ نمید انیم که الان در لندن یك کارخانه هست که اگر از پانصد کرور مالیات دیوان کسی ده تومان بخورد، در آن کارخانه لامحاله معلوم میشود و نیز در پاریس چنان کارخانه ای هست که اگر در میان هفتاد کرور نفس بیکی ظلم بشود حُکماً در آنجا بروز میکند و همچنین کارخانه‌ای دارند وقتی که ده کرور پول در آنجا بریزند بعد میتوانند صد و بیست کرور پول نقد از همان کارخانه بیرون بیاورند و خرج کنند.

ملل یوروپ هرقدر که در کارخانجات و فلزات ترقی کرده اند صد مراتب بیشتر در این کارخانجات انسانی پیش رفته اند. زیرا که اختراعات صنایع

[1] Europe. [۲] telegraph.

فرنگ اغلب حاصل عقل یکنفر یا نتیجه اجتهاد چند نفر از ارباب صنایع بوده
است و حال آنکه این کارخانجات انسانی حاصل عقول و اجتهاد کل حکمای
روی زمین است . مثلاً هرگز بیست نفر مهندس جمع نشده اند که یك كارخانهٔ
ساعت بسازند، اما حال هزار سال است که در انگلیس و فرانسه سالی هزار نفر
از عقلا و حکمای ملت جمع میشوند و در تکمیل کارخانجات انسانی مباحثات
و اختراعات تازه مینمایند . از این یك نکته میتوان استنباط کرد که فرنگیها باید
چقدر در این كارخانجات انسانی ترقی کرده باشند . حال چیزی که در ایران
لازم داریم این كارخانجات انسانی است : مثل کارخانهٔ مالیات، کارخانهٔ لشکر،
کارخانهٔ عدالت، کارخانهٔ علم، کارخانهٔ امنیت، کارخانهٔ انتظام و غیره . هرگاه
بگوئیم ما اینها را داریم سهو غریبی خواهیم کرد و اگر بخواهیم ما خود مان
بنشینیم و این نوع كارخانجات اختراع بکنیم مثل این خواهد بود که
بخواهیم ازپیش خود کالسکهٔ آتشی بسازیم . در فرنگ میان این کارخانجات
انسانی یك کارخانه دارند که در مرکز دولت واقع شده است و محرك جمیع
سایر كارخانجات میباشد . این دستگاه بزرگ را «دستگاه دیوان» مینامند . . . .

میرزا ملکم خان (ناظم الملك) : «کتابچه غیبی یا دفتر تنظیمات» نقل
از : مجموعه آثار میرزا ملکم خان، تدوین و تنظیم محمد محیط طباطبائی .

Mīrzā Malkom Khān, *Kitābcha-yi Ghaybī, yā Daftar-i Tanẓīmāt* (*The Oracular Notebook, or the Book of Organization*) from *Majmū'a-yi Āthār-i Mīrzā Malkom Khān* (*The Collection of Mirza Malkom Khan's Works*), compiled by Muḥammad Muḥīṭ Ṭabāṭabā'ī, pp. 9–11 (Tehran, 1327/1948). See *Modern Persian Prose Literature*, pp. 14–15.

I-2

2

عبدالرحیم نجّارزاده (طالبوف)

'Abdul-Raḥīm Najjārzāda (1855–1910), called Ṭālibuff or Ṭālib-zāda, was born in Tabriz but spent the greater part of his life in the Caucasus.

He wrote in a simple, readable style, generally about ethical and scientific subjects. He was especially concerned to intimate the need for social and educational reform in the country.

Kitāb-i Aḥmad is written in the form of a conversation between the author and his son. It is a representative example of his works, all of which served as guidebooks to modern science and civic ideals. Their object was to provide general knowledge for the layman.

از کتاب احمد یا سفینهٔ طالبی

پسر من احمد هفت سال دارد. روز شنبه اول ماه ذی‌الحجه متولد شده، طفل با ادب و بازی دوست و مهربان است. باصِغَرِ سن همیشه صحبت بزرگان و مجالست مردان را طالب است. . . . استعداد و هوش غریبی از وی مشاهده میشود. هرچه بپرسی سنجیده جواب میدهد، سخن را آرام میگوید، آنچه نفهمد مکرر سئوال میکند. بسیار مضحك است، کم میخندد و بهانه‌ای جزئی کافی است که نیم ساعت بگرید.

اگر زنده بماند و عمر من وفا نماید تا قرض ذمهٔ پدری را، که فقط تربیت و تعلیم اطفال است، در حق او ادا نمایم البته از اشخاص معروف عهد خود خواهد بود.

من در این کتابچه آنچه تا روز رفتن او بمکتب از وی دیده و خواهم شنید

همه را بی ترتیب خواهم نوشت و آنچه از من پرسیده و جواب شنیده، بقدریکه سهولت گنجایش فهم اطفال را داشته باشد، به تحریر خواهم آورد. . . .

احمد امروز بقرار هر روز از خواب بر خاسته، دست و روی خود را شسته و دعائی که در ازدیاد عمر والدین و شکر خداوندی باو یاد داده اند خوانده، آمد باطاق من سلام بدهد و دست مرا بوسیده برود. تا وارد شد مرارو بقبله مشغول نمازدید و ایستاد: چون هر وقت نزد من بیاید اگر مشغول نماز یا خواندن و نوشتن باشم، یا باکسی متکلم هستم، سرپا می ایستد و منتظر میشود تا من از شغل خود فارغ میشوم، اورا نزد خود میخوانم. او دست من و من روی اورا بوسیدم. گفت آقا گاهی که به حضور شما میآیم شمارا مشغول می بینم میخواهم بدانم که این خم شدن و نشستن و برخاستن بانظم و ترتیب که شما میکنید برای چیست؟

گفتم برای عبادت یعنی اظهار بندگی و ستایش نمودن به خداوندی که ما را خلق نموده و اینهمه عالم را آفریده است. گفت پس چرا همیشه روباین طرف میکنی (قبله را نشان میداد) مگر خدا در این طرف است؟ گفتم خدا در هیچ طرف نیست و او را مکانی نباشد. همینکه [منتها] بانی هر مذهب برای مشخص نمودن آداب عبادت یکطرف را برای پیروان خود قرار داده که روبآن طرف ایستاده و با حرکات مختلفه رسم عبادت را معمول میدارند. این طرف که من متوجه شده ام طرف شهر مکه و خانهٔ کعبه است که قبلهٔ مسلمانان است. بخیالم که احمد باین قدر اکتفا نموده تشریف خواهد برد. نشد! گفت مکه و کعبه را نفهمیدم. گفتم تو هنوز بفهمیدن آنها مکلف نیستی. گفت اگر بگوئید هم می فهمم و هم یاد می دارم. گفتم مکه شهریست در قسمت حجاز مملکت عربستان و کعبه خانه ایست که در آن شهر اول آدم بعد از آن ابراهیم خلیل علیه السلام [بنا کرده] بعد از آن چندین بار در روی بنای اولی

خراب نموده، ساخته‌اند و برای ملت اسلام معبد بزرگ قرار داده شده.

گفت آقا این قرارها را که گذاشته و کِی گذاشته؟ گفتم پیغمبر ما محمد صلی الله علیه و آله در قرآن که کتاب آسمانی است همه این احکام را خبر داده و مقرر فرموده، علمای اسلام ما را یاد میدهند. گفت پس بمن چرا یاد نمیدهند؟ گفتم توهنوز طفلی چون به حد رشد و تمیز برسی ترا نیز تعلیم میدهند.

گفت آقا شما فرمودید «بانی هر مذهب»، مگر غیر از اسلام مذهب دیگرهم هست؟ گفتم اگر ادیان و مذاهب سکنۀ روی زمین را بشماریم از صد بیشتر است، و لکن مذهب عمده چهار است: اول اسلام که خدایشان واحد و پیغمبرشان محمد صلی الله علیه و آله و کتابشان قران است، دویم یهود که خدایشان واحد و پیغمبرشان موسی و کتابشان تورات است، سیم نصارا که خدای واحد را دارای صور ثلاثه و عیسی را پسر خدادانند و کتب تنزیلی ایشان اناجیل اربعه است و چهارم مذهب بت پرست که خدایشان گاهی دو و گاهی متعدد، کتابشان بعدد خدایشان، مذهبشان پست‌ترین و اقدم مذاهب عالم است. . . .

احمد گفت آقا پیغمبر ما حالا در کجاست؟ گفتم در شهر مکه متولد شده، بعد از چهل سال از ولادت مبارك بشهر مدینه هجرت نموده، بعد از شصت سال و یازده ماه و چند روز از دنیا در مدینه رحلت فرموده. از روز ورود آن حضرت بشهر مدینه، که اساس تاریخ هجری اسلام است، اکنون که من با تواین صحبت را میکنم هزار و سیصد و هفت سال (که مطابق سنۀ ۱۸۹۰ میلادی است) میگذرد. . . . احمد گفت معنی سال را نمی فهمم، مادرم گاهی میگوید اولِ قربان [ذی الحجه] هفت سال من تمام خواهد شد، یعنی چه؟

گفتم برای مشخص نمودن ایام گذشته و آینده بیست و چهار ساعت را یك شبانه روز میگویند و اسم مخصوصی دارد، هفت روز را یك هفته و چهار هفته را یکماه و دوازده ماه را یك سال میگویند. اینها را باین ترتیب وضع نموده اند که تاریخ وقایع عالم و ایام تولد و وفات مردم مشخص باشد و کارهای دنیا مجهول نماند. . . .

عبدالرحیم طالبوف : کتاب احمد یا سفینهٔ طالبی

'Abdul-Raḥīm Ṭālibuff, *Kitāb-i Aḥmad Yā Safīna-yi Ṭālibī* (*Ahmad's Book or the Talibian Vessel*), pp. 4–8 (with ommissions) (Istanbul, 1311/1894). See *Modern Persian Prose Literature*, p. 16.

3

حاج زین‌العابدین مراغه‌ای

Though few people in Iran are familiar with the name of the author of *Sīyāḥat-Nāma-yi Ibrāhīm Beg*, his book is very well known. This was the first attempt to write a Persian novel on the European model. The controversial contents of the first volume, which was published anonymously, caused a great stir in the country.

Ḥājj Zaynu'l-'Ābidīn was born in Maragheh in 1837. Except for a short time when he acted as the Iranian vice-consul in Kutais, he was mostly occupied in commerce in the southern regions of Russia. He settled in Istanbul towards the end of his life and died in 1910.

The book is about the disappointment experienced by an Iranian who was born and brought up in Egypt. On his first visit to the homeland so often described by his father as 'Paradise', he finds himself constantly confronted with wretchedness, poverty and oppression.

In the author's own words, the 'awakening of people's minds' was the sole purpose of this book. Yet his vivid and forceful language, regarded as one of the first departures from the traditional style of ornate composition, is also an outstanding feature of the work.

از سیاحت‌نامهٔ ابراهیم بیك

دیشب پیش از خواب از وضع ناگوار مملکت برخود پیچیده باخود درجنگ بودم که مرد حسابی بتوچه که مشتی از اراذل مملکت ظالمند و چندین ملیون مظلوم. آنانکه باهمهٔ کثرت و جمعیت در رفع ظلم از خودشان اتفاق نمیکنند، ترا چه رسیده که یکه وتنها از صدمات و تعدیاتی که همه روزه

برآنان وارد میاید خود را پریشان و شیرینی حیات را برخود تلخ داری و شب وروز درآرزو و حسرت دیدن ترقیات وطن و سعادت مُلك و ملت و انتظام امور مملکت و آسایش رعیت و تعمیم عدالت عمر خود را باندوه و کدورت بپایان آری؟ بتوچه مرد کهٔ دیوانه! در پایان اندیشه خوابم ربود.

در خواب دیدم در خیابان ناصریه پیرمرد ریش سفید و ژولیده موی و پریشان احوالی با اعتدال قامت و تناسب اعضاء، که لباسهای فاخره در برداشت نمایان شد و جوانی دست اورا گرفته است. پیر در نهایت هراسانی باجوان صحبت کنان راه میرفت و هر لحظه باطراف خود نگران بود. ناگاه از یکطرف شورش عظیمی برپا شد. گروهی از بازاریان و مردمان بی‌سروپا و اراذل اطراف پیرمرد را گرفته هریك چیزی از او بغارت میربودند. برخی بوجودش نیز صدمه رسانیده و بسرو صورتش زخم میزدند. و بعضی دست وپا و اند امش را پاره پاره کرده، گروهی جواهرات جامه اش را بغارت میگرفتند. تا اینکه اورا از همه چیزی برهنه ساخته نیمه جان بگوشه ای انداختند. بیچاره باکمال ضعف و ناتوانی بآواز حزین فریاد میکرد که ای فرزندان ناخلف و ای نمکخواران حق ناشناس و بی معرفت گناه من چیست که بدین خواری در خاکم می کشید؟ درکیفر کدامین خطا بدین عقوبت سختم گرفتار میدارید؟ و از شدت صدمات وارده ضعف بوجودش مستولی شده گریه کنان از پای در افتاد.

چند نفر نیز از دور و نزدیك بآواز بلند آنجوان را مخاطب داشته میگفتند:

آخر تومگرنه مسلمانی، از این بیچارهٔ افتاده دستگیری کن، آبی برویش بزن، دشمنان را از طرف او بران. آن پیرمرد پریشان روزگار بهمان حالت بیخودی افتاده، جوان نیز هردم بیکی متوسل گشته، هرلحظه از کسی یاری میخواست. چه کند «الغریق یتشبث بکل حشیش»، ولی از هیچکس یاری و حمایت نمیدید. یکی میامد که زخمش را مرهم بندد زخمی دیگرش میزد. دیگری

میرسید که جامه‌اش رفو سازدچون نزدیکتر میشد پیراهن از تنش میکشید. از دهشت این حال نزدیك بود روح از بدن من پرواز کند. باخود میگفتم خدایا این چه هنگامه است و این پیرمرد کیست و تقصیرش چیست که اینهمه ستم را درحق او روا می بینند و احدی از او یاری و حمایت نمیکند؟ از یکی پرسیدم که نام این پیرمرد مظلوم کیست [چیست]؟ گفت مگر نمیشناسی؟ گفتم نه! گفت نامش «ایران خان» است. آن غار تگران همه فرزندان او هستند که بواسطه عدم اطاعت و نافرمانی پدر که ناشی از عدم تربیت است از دولت و مکنت و افتخار و عزت محروم مانده اکنون که همه ثروت و سامان پدر را تمام کرده املاکش را برباد داده‌اند کارشان بدزدی و راهزنی کشیده. چنانکه می بینی پدر را بدین روز تیره نشانده از حیاتش نومید ساخته اند. در این گفتگو بودیم که ناگاه از طرفی گَرد برخاست، شهسواری از دور نمایان شد که فوجی از تیراندازان در پشت سر او بطرف پیر بتعجیل اسب میراندند. گفتم سبحان الله اینهمه مردمان با تاب و توان از این پیر افتاده چه میخواهند؟ هرگاه اینان هم پی غارت میآیند چیزی بجا نمانده است. اگر قصد قتل اورا دارند او خود در شُرُفِ موت است. اگر برای تکفین و تدفین است این نیزه و شمشیر را لازم ندارند. اسباب طعن و ضرب برای چیست؟ در این اثنا یکی از سواران بمن رسید، از او پرسیدم که ترا بجوانی خودت سوگند میدهم اینجا برای چه آمدید و شما چه کسانید؟ گفت آن جوان سوار شیرین شمایل سرکردهٔ ماست، نام نامیّش «مظفّرالدوله»(1) است، مارا برای دادرسی ویاری این «ایران خان» آورده است. هنوز این سخن تمام نشده بود دیدم مظفّرالدوله نزد ایران خان رسیده فوراً از اسب فرود آمد و سر ایران خان را از خاك برداشت و بروی زانو گذاشت. قدری شربت بگلویش ریخته، گلاب برویش پاشید. کسانش نیز از هرطرف بشورشیان طاغی حمله برده، از

اطرافش پراکنده کردند. جوان چندتن از مقربان و معتمدین خود را بمعالجهٔ
آن پیر مقرر داشت و جمعی دیگر را بشستن سر و صورت و تجدید لباس او مامور
کرد. از مشاهدهٔ این همه یاری و مهربانی مظفّرالدوله درحق آن پیر افتاده
ابواب شادمانی بروی من گشوده شد، پیش رفتم که زخمهای پیر را به بینم،
دیدم که مُهلک است، بعضی از زخمها آماس کرده خون و استخوانهای بدن را
فاسد نموده است، بنوعی که هرحکیمی آن زخمها را معالجه کرده بهبودی
بدهد یا استاد حضرت لقمان و یا شاگرد حضرت عیسی بن مریم است. از
خوف آنحالت بشدت هرچه‌تمامتر هراسان شده برخود لرزیدم و از شدت لرزه
بیدار گشتم. در آنحال بانک اذان بگوشم رسید که مؤذن میگفت «اشهد
ان لا اله الا الله». چون برخود آمدم دیدم اذان صبح است. برخاسته
وضو گرفتم، دوگانه برای معبود یگانه بجای آوردم. . . . .

حاج زین‌العابدین مراغه‌ای : سیاحت نامهٔ ابراهیم بیك

Ḥājj Zaynu'l-'Ābidīn of Maragheh, *Sīyāḥat-Nāma-yi Ibrāhīm Beg* (*The Travel Diary of Ibrahim Beg*), pp. 106–8 (Cairo, 1281/1903). See *Modern Persian Prose Literature*, pp. 17–21.

4

ميرزا حبيب اصفهانى

Another book which has achieved more distinction in Iran that its 'author' is the Persian translation of James Morier's *The Adventures of Hajji Baba of Ispahan*. Until recently nobody credited the real translator, Mīrzā Ḥabīb of Isfahan, with this masterly work.

Mīrzā Ḥabīb, who is best known as a poet, was born in a village near Isfahan and studied literature and theology in that city and in Baghdad. Judging by his books and the references of his contemporaries, he was an erudite and accomplished scholar. He was also a resolute advocate of liberalism and democracy, bitterly opposing the despotic rule of the time and harbouring strong feelings against the religious hierarchy. Because of his views he was accused of atheism, and in 1860 he had to flee to Turkey. Here he remained, earning his living as a teacher, until his death in 1897.

The Persian version of *Hajji Baba* is a free rendering of the original and is tinged throughout with the translator's religious and political bias. From the literary point of view the book was one of the most successful experiments in the new trend of prose writing. Particularly on account of its abundant realism, maturity of expression, simplicity and at the same time great artistic technique, the book has been acclaimed as one of the great Persian works of the present century.

از حاجی بابا اصفهانی

مورد التفات صدر اعظم شدن حاجی بابا و در حرکات موافق طبع و مطابق حال او گردیدن

چنانچه گفتیم برای کامکاری همه چیز بکام من میگشت، و برای نامداری همه چیز بنام من می بود. چون از اوضاع فرنگستان باخبرم میدانستند، کارهای فرنگیان که در ایران بود بمن حواله کردند، و باین واسطه باصدر اعظم وسایر ارکان دولت راهی و رابطه ای پیدا کردم.

میرزا فیروز مردی بود توانگر، بکسی احتیاجی نداشت. بعد از ورود بطهران از کار کناره کشید و چون دید من راه گذرانی پیدا کرده ام حظ کرد. در هرجا توصیف و تعریف خوش طبیعتی و کارآمدی من کرد و من کوشیدم تاتکذیب او نکنم بطوریکه بزودی بد و نیك مُسلم و غیر مُسلم را درحق خود خیرخواه دیدم، و بخود راغب ساختم. طالعی که بی او هیچ نشاید کرد، بگوشم میگفت مصرع

شادمان باش که ناسازی ایام گذشت

صدر اعظم مردی بود مدبّر، با سلیقه، حرّاف، عرّاف، حاضر جواب، در نزد پادشاه حرفش دررو داشت. از ابتدای جلوس پادشاه بتخت، او نیز در مسند صدارت اینقدر با خاص و عوام خوب راه رفته و بکار مردم خورده بود که وجودش مانند وجود آفتاب عالمتاب ضروری میدانستند، و چون بکار فرنگان اهتمام و اعتنای علیحده مینمود، لامحاله هر روز چیزی گفتنی یا شنیدنی با ایشان داشتی. ازین روی مرا پیغام‌بر و پیغام‌آور سفارت انگلیس ساخت. از زبان ایشان بیکدیگر پیغام میبردم و میاوردم و گاهی نیز، بمقتضای مقام و متناسب حال، چیزی از خود علاوه مینمودم، و تعریف این در

نزد آن، و تعریف آن در نزد این میکردم، و خود در میانه محبوب طرفین واقع شدم.

چون بزرگترین ناخوشی صدر اعظم رشوت بود، منهم آن نقطه را قبلهٔ مقصود خود ساخته گاهی از ایلچی بفراخور حال صدر اعظم (و مفید بحال خود) هدیه‌ها میگرفتم. اما چون هدیه دادن و گرفتن طبیعی است، این معنی هنر من شمرده نمیشد؛ ولی در دو سه کار عمده مرا واسطه قرار دادند، وچنان خوب از عهدهٔ کار برآمدم که از آنگاه ببعد صدراعظم با من از در التفات بر آمد [در آمد].

در میان دو دولت معاهده‌ها بایست بسته بشود. صدراعظم از جانب شاه، و من از طرف او، وکیل مطلق بودم؛ و من با ناچیزی خود در چنان امور، باز در میانه (مانند سگی که در عروسی بخیال استخوان افتد) بتکادو افتادم تا اینکه شبی مجلس خیلی دراز کشید. صبح صدراعظم مرا بخلوت خاص خود که بجز محرمان خاصش را بدانجا بار نبود بخواست. هنوز در رختخواب بود و تنها. با بی‌تکلفی گفت «حاجی پیشتر بیا، بنشین، حرفی عمده دارم با تو بگویم».

از این التفات متعجب و اطاعت امرش واجب دانسته بدو زانو بنشستم. بی هیچ کنایه و استعاره گفت «اوقاتم خیلی تلخ است. ایلچی انگلیس تکلیفهای ممتنع بما می‌کند و چیزهای نشدنی میخواهد. میگوید که 'اگر آنچه میگویم نکنید و آنچه میخواهم ندهید بیرقم را میخوابانم(2) و از تهران میروم'. از جانب دیگر پادشاه مرا تهدید میکند که 'اگر ایلچی دل آزرده برود سرت را میبرم' و حال آنکه در این کار پادشاه بتکالیف ایلچی بهیچیک تن در نمیدهد. حاجی چه باید کرد؟ چارهٔ این به چه میشود؟»

گفتم «با رشوت نمیشود؟» — و نگاهی باو کردم مثل اینکه این لفظ را معنی دیگر است.

وزیر گفت «چگونه با رشوت؟ رشوت کجا؟ — وانگهی این فرنگان اینقدر خرند که نمیدانند رشوت چیست. گوش بده حاجی! آنان هر چه میخواهند خر باشند، ما خر نیستیم. ایلچی خیلی اصرار دارد که کارش بگذرد و منهم تا ممکن است بمفتی نمیگذرانم. میروی، با او حرف میزنی؛ تو با او دوستی؛ میگوئی 'من با صدراعظم دوستم' و پارهٔ حرفها که من نمیتوانم زد میزنی، فهمیدی که ——؟»

سر فرود آوردم و گفتم «بچشم! هر چه میفرمائید چنان میکنم. امیدوارم که روسفید برگردم.»

بر خاستم و با امید تمام بخانهٔ ایلچی انگلیس رفتم.

حاجتِ آن نیست که بگویم چگونه ایلچی [را] در این کار بسر تیر آوردم. دو کلمه، مطلب چنان نیك حالی کردم که با کیسهٔ پر از طلا برگشتم. این کیسه مقدمةالجیش بود، و تا صورتِ قرارِ کار بموافق طبع ایلچی عقبهٔ کلی داشت؛ و نیز بطریق قطع و یقین با من پیمان کرد که انگشتری الماسین سخت گرانبها، از انگشت دولت انگلیس بانگشت دولت ایران، مانند نشان دوستی درمیان آن دو دولت ابدمدت، میگذرانند.

وزیر نگاهی بکیسه کرد و نگاهی بمن وگفت «احسن! حاجی! حالا تو از مائی. آخر ما در ایران چیزی هستیم؛ ترا بیش از این نمیگذاریم بی‌کلاه راه بروی. عریضه بنویس، امضاش با من.»

با اظهار امتنان و شُکرانه گفتم «بنده تا جان دارم صادقانه و عاقلانه بخدمت سرکار حاضرم و محبت سرکار در حق من کافیست.» این حرفها را چنان با خاکساری و با بی‌طمعی گفتم که اگر ممکن بود

یک حرف ایرانی را باور کنند، بخود بالیدم که اینحرف را باید باور کرده باشد.

اما معنی کلامم را او از من بهتر می‌فهمید. گفت «حرف مزن. منهم وقتی مثل تو بدینسو و آنسو میدویدم؛ خدمتها که بمن بکنی میدانم. تو از راه خود برمگرد. فرنگان خوب بابِ کار تو اند، هر طور دلت میخواهد مرخصی بکن. هم خیلی پول دارند و هم خیلی بما محتاجند. زیاده بر این گفتگو لازم نیست. مردم ایران مثل زمین کشت زارند، بی رشوه حاصل نمیدهند: پیش از حاصل باید مایه گذاشت. فرنگان میگویند که 'مقصود ما خیر خواهی مملکت خود است و بس' اما این سخن درپیش ما اهل ایران حرفِ مفت است. ما هرخدمتی که بکنیم، خواه من‌خواه پادشاه، فردا همینکه بمیریم همه فراموش میشود و بهدر میرود، ولیعهدی‌می‌آید برای آبادی خود آبادکردهای ما همه را خراب میکند. راست است پادشاه فی حد ذاته حقی دارد، داشته باشد. اما وزیرهم حقی دارد، چرا نگیرد؟»

ازین سخن ذهنم روشن گردید و پردهٔ غفلت از پیش چشمم برداشته شد. شاهراه وسیعی درپیش و فائدهٔ عظیمی برای خویش دیدم. سخن وزیر که «فرنگان خوب باب کار تواند» بگوشم طنین‌انداز و نواساز، زبر و زرنگ، بایجاد تدابیر ورنگ افتادم. . . .

میرزا حبیب اصفهانی: ترجمه حاجی بابا اصفهانی

Mīrzā Ḥabīb Iṣfahānī's translation of *The Adventures of Hajji Baba of Ispahan* (by James J. Morier), edited by Col. D. C. Phillott, pp. 435–6 (Calcutta, 1284/1905). See *Modern Persian Prose Literature*, pp. 21–7.

5

علی اکبر دهخدا

A series of satirical articles, entitled *Charand Parand*, which appeared in the *Ṣūr-i Isrāfīl*, one of the influential newspapers of the turbulent post-Constitution years, vehemently exposed and parodied all the elements that were inhibiting social progress in Iran, and also introduced a new genre into Persian literature.

The writer was ʻAlī Akbar Dihkhudā (1879–1956) who, after his education in Tehran and Europe, returned to Iran at the outset of the Constitutional movement and like most of his contemporaries became entangled in politics. Apart from his activities as a journalist inside and outside Iran (when exiled) his political life took him to the *Majlis* and to several important positions in government and public administration. In the latter part of his life he devoted all his time to his studies and scholarship, producing a host of significant works including his famous *Amthāl u Ḥikam* and the colossal *Lughatnāma*, which is now being published in sections.

Dihkhudā's satire in the *Charand Parand* pieces was not merely destructive mockery of established institutions; but it set forth a canon of social realism and brought new vitalities into the written language. His lively colloquial language and his choice of style greatly helped to liberate Persian writing from the stilted and exhausted diction of former times.

از مقالات چرند و پرند

اگر چه دردسرمیدهم ، اما چه میتوان کرد نشخوار آدمیزاد حرف است . آدم حرف هم که نزند دلش میپوسد . ما یك رفیق داریم اسمش دمدمی است . این دمدمی حالا بیشتر از یکسال بود موی دماغ ما شده بود که کبلائی

توکه هم ازین روزنامه نویسها پیرتری هم دنیادیده‌تری هم تجربه‌ات زیاد تراست، الحمدلله بهندوستان هم که رفته‌ای پس چرا یک روزنامه نمینویسی؟ میگفتم عزیزم دمدمی اولا همین توکه الان با من ادعای دوستی میکنی آن وقت دشمن من خواهی شد. ثانیا ازینها گذشته حالا آمدیم روزنامه بنویسیم بگوببینم چه بنویسیم؟ یك قدری سرش را پائین میانداخت بعد از مدتی فکر سرش را بلند کرده میگفت: چه میدانم از همین حرفها که دیگران مینویسند، معایب بزرگان را بنویس. بملت دوست و دشمنش را بشناسان. میگفتم: عزیزم والّه بالله اینجا ایران است، دراینجا این کارها عاقبت ندارد. میگفت: پس یقین توهم مستبد هستی، پس حُکماً توهم بله.... وقتی اینحرف را میشنیدم میماندم معطل برای اینکه میفهمیدم همین یك کلمهٔ توهم بله... چقدرآب برمیدارد.

باری، چه دردسربدهم آنقدر گفت گفت تا مارا باینکار واداشت. حالا که می بیند آن روی کار بالاست دست و پایش را گم کرده تمام آنحرفها یادش رفته.

تا یك فراش قرمزپوش می‌بیند دلش میطپد. تا بیك ژاندارم[1] چشمش میافتد رنگش میپرد. هی میگوید: امان از همنشین بد، آخر منهم بآتش تو خواهم سوخت. میگویم: عزیزم منکه یك دِخُو بیشتر نبودم، چهارتا باغستان داشتم، باغبانها آبیاری میکردند. انگورش را بشهر میبردند، کشمشش را میخشکاندند، فی‌الحقیقه من در کنج باغستان افتاده بودم توی ناز و نعمت، همانطور که شاعر علیه الرحمه گفته:

نه بیل میزدم نه پایه   انگور میخوردم درسایه

[1] gendarme.

در واقع تو اینکار را روی دست من‌گذاشتی، بقول طهرانیها تو مرا روبند کردی. تو دست مرا توی حنا گذاشتی، حالا دیگر تو چرا شماتت میکنی؟ میگوید : نه، نه، رشد زیادی مایهٔ جوان مرگی است. می‌بینم راستی راستی هم که دمدمی است.

خوب عزیزم دمدمی بگوببینم تا حالا من چه گفته‌ام که تورا آنقدر ترس برداشته است؟ میگوید : قباحت دارد. مردم که مغزخر نخورده‌اند. تا تو بگوئی «ف» من میفهمم فرح‌زاد است. این پیکره که تو گرفته‌ای معلوم است آخرش چه ها خواهی نوشت. تو بلکه فردا دلت خواست بنویسی پارتیهای[1] بزرگان ما از روی هواخواهی روس و انگلیس تعیین میشود. تو بلکه خواستی بنویسی بعضی از ملاهای ما حالا دیگر از فروختن موقوفات دست برداشته بفروش مملکت دست گذاشته اند. تو بلکه خواستی بنویسی در قزاقخانه صاحبمنصبانی که برای خیانت بوطن حاضر نشوند مسموم (درین جازبانش طُپُق میزند لُکنت پیدامیکند) و میگوید: نمیدانم چه چیز و چه چیز و چه چیز، آنوقت چه خاکی بسرم بریزم و چطور خودم را پیش مردم بدوستی تو معرفی بکنم؟ خیر، خیر، ممکن نیست. من عیال دارم، من اولاد دارم، من جوانم. من دردنیا هنوز امیدها دارم. میگویم : عزیزم اولاً دزد نگرفته پادشاه است. ثانیاً من تا وقتی که مطلبی را ننوشته‌ام کی قدرت دارد بمن بگوید تو. خیال را هم که خدا بدون استفتاء از علماء آزاد خلق کرده. بگذار من هرچه دلم میخواهد در دلم خیال بکنم، هروقت نوشتم آنوقت هرچه دلت میخواهد بگو. من اگر میخواستم هرچه میدانم بنویسم تا حالا خیلی چیزها مینوشتم. مثلاً مینوشتم الان دوماه است که یك صاحب منصب قزاق که تن بوطن فروشی نداده بیچاره از

[1] parties.

خانه‌اش فراری است و یك صاحبمنصب خائن با بیست نفر قزاق مأمور کشتن او هستند.

مثلاً مینوشتم اگر در حساب نشانهٔ «ب» بانك انگلیس تفتیش بشود بیش از بیست کرور از قروض دولت ایران را میتوان پیدا کرد. . . . مثلاً مینوشتم نقشه‌ای را که مسیو «دوبروك»[1] مهندس بلژیکی از راه تبریز که با پنج ماه زحمت و چندین هزار تومان مصارف از کیسهٔ دولت بدبخت کشید یکروز از روی میز یکنفر وزیر پردرآورده بآسمان رفت و هنوز مهندس بلژیکی بیچاره هروقت زحمات خودش در سرآن نقشه یادش می‌افتد چشمهایش پراز اشگ میشود. وقتی حرفها باینجا میرسد دست پاچه میشود میگوید: نگو! نگو! حرفش راهم نزن! این دیوارها موش دارد موشها هم گوش دارند. میگویم: چشم! هرچه شما دستورالعمل بدهید اطاعت میکنم. آخر هرچه باشد من از تو پیرترم، یك پیرهن از تو بیشتر پاره کرده‌ام. من خودم میدانم چه مطالب را باید نوشت چه مطالب را ننوشت. آیا من تا بحال هیچ نوشته‌ام چرا روز شنبه ۲۶ ماه گذشته وقتی که نمایندهٔ وزیر داخله بمجلس آمد و آن حرفهای تند و سخت را گفت یکنفر جواب اورا نداد؟ آیا من نوشته ام که کاغذسازی که در سایر ممالك از جنایات بزرگ محسوب میشود در ایران چرا مورد تحسین و تمجید شده؟ . . . اینها همه از سرایر مملکت است. اینها تمام حرفهاییست که همه جا نمیتوان گفت. من ریشم را که توی آسیاب سفید نکرده‌ام، جانم را از صحرا پیدانکرده‌ام. تو آسوده باش هیچوقت از این حرفها نخواهم نوشت. . . . بمن چه که نصرالدوله پسر قوام در محضر بزرگان طهران رَجَز میخواند که منم خورندهٔ خون مسلمین، منم برندهٔ عِرض اسلام، منم آنکه ده یك خاك ایالت فارس را بقهر و غلبه گرفته‌ام،

(۱) Monsieur de Broque (?).

منم که هفتاد و پنج نفر زن و مرد قشقائی را بضرب گلولهٔ توپ و تفنگ هلاك کردم؟ بمن چه که بعد از گفتن این حرفها بزرگان طهران «هورا» میکشند و زنده‌باد قوام میگویند... من که از خودم نگذشته‌ام آخرت هم حساب است. چشمشان کوربروند آن دنیا جواب بدهند. وقتی که این حرفها را میشنود خوشوقت میشود و دست بگردن من انداخته روی مرا میبوسد. میگوید: من از قدیم بعقل تو اعتماد داشتم، بارك‌الله! بارك‌الله! همیشه همینطور باش. بعد باکمال خوشحالی بمن دست داده خداحافظ کرده میرود.

دخو

علی‌اکبر دهخدا: چرند و پرند

‘Alī Akbar Dihkhudā, ‘Charand Parand’ (‘Balderdash’) (with omissions), from the journal *Ṣūr-i Isrāfīl*, no. 5 (June 1907). See *Modern Persian Prose Literature*, pp. 37–40.

6

مرتضی مشفق کاظمی

The language and style as well as the themes of the majority of
works published by the fashionable novelists of the 'twenties in
Iran were greatly influenced by a two-volume romantic novel by
Murtaz̤ā Mushfiq Kāz̤imī called *Ṭihrān-i Makhuf* that had appeared
at the outset of the period.

Conditions of the time presented a deterrent to serious creative
writing and most writers avoided discussion of social and political
topics. One tenable subject which had official blessing was the
emancipation of women, and those with literary ambitions began
to produce variations on this theme.

The result was an inferior literature that presented a poor imita-
tion of European romantic fiction. Nonetheless, this writing de-
serves attention for it represented the frustrations of a nation
struggling to discard its age-old fetters.

Kāz̤imī's *Ṭihrān-i Makhuf* deals with the unfair position of
Persian women and despite its shortcomings it achieved consider-
able success among the reading public of the day.

از طهران مخوف

«محلهٔ مریض»

آنگاه اقدس سربرداشته گفت : حالا منهم بنوبهٔ خود شرح حالم را نقل
میکنم. من دختر بزازی بودم، پدرم کسب و کارش چندان رونقی نداشت،
در محلهٔ عباس‌آباد در آخر بازار بزرگ منزل داشتیم و پدرم دو دختر
داشت که من کوچکترش بودم. خواهر بزرگم از وجاهت بهره نداشت،

یعنی آبلهٔ زیادی که از بچگی مانده بود صورتش را بکلی خراب کرده و تا
اندازه‌ای زشتش ساخته بود. ولی پدر و مادرم یا برای اینکه اولاد اول بود
و یا برای اینکه بنظر آنها خدا باو خیلی ظلم کرده بود، بی اندازه دوستش
میداشتند و از من چندان خوششان نمیآمد. بهمین جهت به غالب خواستگارهائی
که بخانهٔ ما میآمدند چون اورا نمی‌پسندیدند و مرا میخواستند جواب
رَد میدادند و میگفتند اول باید دختر بزرگمان شوهر کند. با این ترتیب
سرنوشت من بسته به سرنوشت خواهرم شده بود و میدانستم فقط روزی که او
بشوهر برود منهم میتوانم امیدوار باشم که رنگ شوهر را به بینم.
خوشبختانه خواهرم شخصاً برای خود دست و پائی کرد و نفهمیدم چه
دعائی از ملا ابراهیم یهودی گرفته و چه سحر و افسونی بکار برد که جوان
سیگار فروشی را فریفت و خود را باو بست. من از آنروز راحت شدم و امیدواری
پیدا کردم. همینطور هم شد. سه ماه بعد از شوهر کردن خواهرم به
مقصودم، که شوهر کردن بود، رسیدم ولی چه شوهری؟

یکروز دونفر زن وارد خانهٔ ما شدند و مراپسندیدند و گفتند داماد
تاجری پولدار است که تجارت توتون میکند و سناً هم جوان است. اما پدر
ومادرم که علاقهٔ چندان بمن و آتیهٔ روزگار من نداشتند هیچ در صدد
تحقیق برنیامدند و بدون تأمل رضایت داده مجلس عقد را برپا نمودند. روز
عقد پس از انجام صیغه گفتند داماد میخواهد سر عقد بیاید. منهم با این
خیال که حالا یک جوان زیبا با لباسهای دوخت جدید خواهد آمد سر را کمی
بزیر انداخته ولی دزدکی چشمم را به آینه که در مقابل آن نشسته بودم
دوخته بودم تا هم کمروئی خود را نشان دهم و هم زودتر بتوانم اورا بهبینم.
ولی تصور میکنید چه دیدم؟ یکمرتبه صدای یاالله یاالله(3) بلند شد
وبعد یکمرد قدبلند باریش قرمز، که سر و پشت‌گردنراهم تراشیده بود، آبله رو،

بادندانهای درشت زرد و سیاه که بعضی از آنها هم ریخته بود ، درحالی که لبادهٔ بلند پشمی دربرداشت و شال سفید پهنی روی آن بسته و کلاه پوستی بزرگی بر سرگذارده بود ، در آستانهٔ در ظاهر شد و پس از اینکه کفشهای راحتی خود را کنده زیر بغل گرفت بجلو آمده ، آنوقت بدون اینکه خجالتی بکشد ، مثل اینکه عادت همیشگی اوست نزدیك من شده سر مرا گرفته یك بوسهٔ پیرمردانه که صدای په در آورد بر گونهٔ چپ من زد .

بدیدن یك چنین هیكل منحوس تمام قوم و خویشانم متحیر و انگشت بدهان ماندند و وای وای گویان از اطاق خارج شدند و فقط یكی دو نفر از بستگان او در اطاق مانده و اظهار خوشوقتی میكردند و در این میان یكی از آنها درگوش من آهسته گفت :

— اگر میخواهی رونمای خوبی بگیری باید شما هم داماد را ببوسی .

من در دل گفتم رونمارا سر قبر پدرش ببرد ! چطور حاضر شوم صورت زشت ریشدار این آدم پیررا ببوسم ؟ ولی مگر دیگر ممكن بود اظهار عقیده كرد ؟ كلمه « بله » بخیال اینكه بیك جوان زیبا شوهر میكنم از دهانم خارج شده بود و اینك در عوض جوان رعنا زن چنین شخصی شده بودم . پس چون چاره نبود صورت زشت او را بوسیدم . حاجی آقاهم انگشتری از یاقوت که چندان قیمتی نداشت از جیب بزرگ لبادهاش در آورده بدست من كرد .

خوشبختانه آنروز بیش از دو مرتبه با بوسههای خود مرا عذاب نداد ورفت . چهار روز بعد عروسی شد ، شب مرا برده در آغوش یك چنین مرد بدقیافه و پیری انداختند . از حُسنِ اتفاق حاجی آقا اخلاقاً آدم بدی نبود وبا من با محبت و ملایمت رفتار میكرد . او مرد باخدا بود و تمام شب و روز را بنماز و دعا میپرداخت و برای هر كار تجارتی که میخواست بكند ابتدا فال میگرفت و استخاره میكرد و جهت فال و استخارههای خود هم به نخود

و تسبیح و کتاب حافظ متوسل میشد و معلوم بود که باین سه چیز عقیده وایمان کاملی دارد.

بعد از چند ماه تصادفاً یکمرتبه سه شبانه روز حاجی آقا خانه نیامد، من خیلی مضطرب شده و باخود گفتم او مرد خداست و مثل جوانهای هَرزِه وجِلف نیست که زبانم لال به بعضی جاها رفته باشد. و چون در اینموقع یکی از همسایه ها وارد شد و شرح غیبت حاجی‌آقا را برای او بیان کردم، او بدون اینکه تعجب کند گفت:

— یقین منزل سایر زنهای خود مانده است، متوحش نباش.

از شنیدن این حرف خیلی متحیر شدم و چگونگی را سؤال کردم و اوهم بی محابا آنچه را میدانست گفت و معلوم شد حاجی‌آقا مسلمان حقیقی است وبغیر از من که عقدی هستم دو زن عقدی دیگر و دو صیغه دارد و حتی زن همسایه می‌گفت فال و استخاره‌های حاجی‌آقا هم که با حافظ و تسبیح میگیرد تنها برای تجارت نیست او بیشتر میخواهد به‌بیند در آن ماه زن گرفتن ساعت دارد یا خیر؟

باخود فکر کردم با مردی که صورتاً آن شکل و سیرتاً این چنین میباشد زندگانی کردن آسان نخواهد بود. اگر حاجی‌آقا تنها بمن اکتفا میکرد، چون از حیث زندگانی راحت و آسوده بودم، میشد زشتی قیافه و سن زیادش را تحمل کرد. ولی اگر بخواهد باهر فال و استخاره هم یك زن بگیرد بالاخره از بابت زندگی زن و شوهری هم خوشی نخواهم داشت.

فردای آنروز صبح به بازار رفتم و خیال داشتم بعضی اشیاء لازم دوخت ودوز از قبیل قرقره و نخ بخرم. دیدم در بازار جمعیت زیادیست، مردان بیکار دسته دسته عقب زنان در حرکتند، من هم نزدیكِ دکانی ایستاده ضمن سؤال از قیمت بعضی اجناس مردم را تماشا میکردم. ناگهان جوان بیست

ساله‌ای که کلاه قیفی بر سر و ردنکت[۱] مشکی در برداشت و کراواتی[۲] از اطلس سبز رنك که در وسط آن عکس احمد شاه نقش شده برگردن بسته و از نزدیك من گذشته گفت :

– خانم میل ندارید ساعتی بنده را سرافراز فرمائید؟

من که باین قبیل کلمات آشنا نبودم نفهمیدم چه مقصود دارد ، ولی چون از جوان خوشم آمده بود ، یعنی پس از مقایسه اش با ریش قرمز و پشت گردن تراشیده حاجی‌آقا و مخصوصاً اینکه فال‌ها و زنهایش درنظرم میآمد ، جوان بچشمم جلوه کرده بود ، با عشوه و ناز گفتم :

– آقا چه فرمایشها میفرمائید؟

آنوقت چون جوان چند بار دعوت را تکرار کرد پرسیدم :

– مگر منزل شما در همین نزدیکی هاست؟

در اینموقع یك آژان[۳] پست عبور میکرد ، جوان فوراً راه افتاد و بیست قدمی بطرف شمال بازار رفت و همینکه آژان دورشد دو باره برگشته گفت :

– بلی خانم جان، منزل من خیلی نزدیك است و اگر میل داشته باشید ممکن است آنجا برویم و سیگاری باهم بکشیم.

من که نمیدانستم مقصود او از سیگار کشیدن چیست پیشنهادش را قبول کرده و عقب سرجوان روانه شدم ، او هم بطرف پائین بازار حرکت کرد وپس از اینکه از سر بازار خیاطها گذشتیم ، به‌کوچه باریکی که دست راست بود وارد شده و بعد از عبور از چند کوچه تنگ دیگر در مقابل درِ یك خانهٔ بسیار محقری ایستادیم. در را کوبید و چند ثانیه گذشت. عاقبت پیرزنی باتأنی آمده در را باز کرد و بدون‌اینکه از دیدن من اظهار تعجبی بکند گفت بفرمائید.

[۱] redingote. [۲] cravat. [۳] agent.

جوان هم بمن تعارف کرد که اول داخل شوم و با اینکه در آن دقیقه قلبم
خیلی میلرزید وارد خانه شده باخود گفتم :

اگر هزاران مرد اینجا باشد یقین یکی به زشتی و بدترکیبی حاجی‌آقا
نخواهد بود !

همینکه وارد حیاط شدیم جوان روی را به پیره زن کرد :

ـ ننه علی سماور را آتش کن.

سپس مرا بدرون اطاق برد که قدیمی‌ساز و کوچک و گرد و خاك‌گرفته
بود ، سفیدئ گچ دیوارهایش از شدت غبار زردرنگ شده ، طاقچه‌های
متعددی داشت و در بالای طاقچه‌ها دورتادور رَف ساخته شده بود. یك
فرش کهنهٔ خاك آلود در گوشهٔ آن افتاده بود. جوان مرا دعوت به نشستن
کرد و خود پهلوی من روی آن فرش قرار گرفت. بلافاصله چادر را از سرم
عقب زد و سیگاری بمن تعارف کرد.

سیگار را گرفته کشیدم و قدری صحبت کردیم. از من پرسید کیستم؟ بی
ملاحظه جواب‌دادم : زن حاجی آقا ... توتون فروشم. ربع ساعتی گذشت تا
چای حاضر شد ، چای که خوردیم جوان نزدیك تر بمن شد و مرا بغل کرد
وبوسید. خیلی خجالت کشیدم ، ولی از شما چه پنهان دیدم صورت جوان
تراشیده است و مانند ریش حاجی‌آقا گونه‌هایم را آزار نمیدهد. کم کم
دیدم او به بوسه اکتفا نمی‌کند و چیزهای دیگر میخواهد ، باخود فکر کردم
هرچه باشد از حاجی آقا بهتر است. . . .

آنروز از جوان خداحافظی کرده رفتم ، موقع رفتن چیزی در دستم گذارد ،
وقتی‌که بیرون آمدم دیدم پنجهزاری طلاست ، ضمنا از من قول گرفت
هفته‌ای دو روز بدانجا روم.

تمام راه وقتی بخانه برمی‌گشتم فکرم متوجه پیش‌آمد آنروز بود و خیلی

خوشحال بودم زیرا آن زمان نمیدانستم که جوان مرا بچه راهی کشانده
است و ظاهر اورا باظاهر حاجی‌آقا در نظر آورده مقایسه میکردم ، و بعدها بود
که فهمیدم اگر حاجی‌آقا زشت و پیر بود درعوض احترام مرا میخواست ، در
صورتی‌که این جوان فقط اطفاء شهوت خود را در نظر داشت و لکهٔ بی
ناموسی را در پیشانیم گذارده بود .

چند مدتی هفته‌ای دو بار آنجا میرفتم و بخیال خود از آن جوان محظوظ
میشدم . یکروز متوجه گردیدم که به مرض سوزاك مبتلی شده‌ام . چند روز
بعد حاجی‌آقاهم مبتلی شد ، اما بیچاره حاجی‌آقا چون زن زیاد داشت نمیدانست
کدام یك از آنها را مقصر و خیانتکار بداند . . . . .

مرتضی مشفق کاظمی : طهران مخوف

Murtiẓā Mushfiq Kāẓimī, *Ṭihrān-i Makhuf* (*The Horrors of Tehran*), fifth edition, pp. 54–8 (Tehran, 1340/1961). See *Modern Persian Prose Literature*, pp. 59–60.

7

جهانگیر جلیلی

Jahāngīr Jalīlī (1908–38) began writing at an early age. His first book, *Man-ham Girya Karda-am*, evinced a high degree of sensitivity and skill and brought the author immediate fame.

The theme is one familiar in the period, prostitution; but a seriousness coupled with deep insight make the book less coarse and more sincere than earlier books on the same subject. Nevertheless, the writing is not free from the characteristic flaws of the time: preaching and moralizing, sporadic outbursts of emotion, ultra-idealism, a tendency to flourish foreign names, and 'citing' European men of learning as if to show the writer's knowledge of world culture.

از منهم گریه کرده ام

منهم مثل شما بودم : زندگانی آرام و راحتی داشتم ، همه مرا دوست میداشتند و برآوردن آرزوها و حوائج من از واجبات حیات دوستداران من بود. قبل از آنکه از چشمان من یکقطره اشک بریزد از دیدهٔ دیگری سیل سرشک جاری میشد ، منهم چشمهای مادری در عقب خود داشتم. تصور همان خاطرات است که امروز قلب سرد و بی‌احساس مرا میفشارد و سعادت گریستن را بمن میدهد.

ایدختر قشنگ ! که کتابهای قطورت را زیر بغل گرفته و بطرف مدرسه میخرامی و سرمستِ وجاهت و زیبائی خویش هستی، و از اینکه قادری بزبان خارجه تکلم نمائی زمین و زمانرا میخواهی بازیچهٔ هنر و هوای خویش

سازی، منهم چون تو بودم، بمدرسه میرفتم و در روی همان نیمکتهای زرد رنگ که تو مینشینی می‌نشستم و چون فرشتهٔ معصومی بیانات معلمه‌ام را با دهان باز گوش میدادم، گمان میکردم هرچه بما می‌آموزند در زندگی بکار ما میآید، افسوس و هزار افسوس که ما را برای عالم فرشتگان تربیت میکردند!

اغراق نمیگویم و در حق خویش مداهنه هم نمیکنم، در اطاق خوابم کتابخانهٔ کوچکی ترتیب داده بودم و کتب بزرگان را در درون قفسه‌های خودم با نظم و ترتیب مخصوصی چیده بودم و همیشه قبل از خواب آنها را مطالعه میکردم. از ایام مدرسه خاطرات شیرینی دارم و هنوز میتوانم دیباچهٔ گلستان، قسمتی از اشعار شعرای خارجی، چند مکتوب از مادام دو سوینیه[۱] و چند شعر و قطعه از گفته های شعرای غرب را از حفظ بخوانم.

آری، در آنوقت صفحهٔ پاك حافظهٔ من قابلیت هرگونه تأثیری را داشت ودر مقابل هر اثری خواه زشت و خواه زیبا متأثر میشد. روز جشن هیجدهمین سال تولدم مصادف با فراغت از تحصیل مدرسه شده بود، همهٔ دوستان و خویشاوندان را برای شرکت در سرور و جشن دعوت کرده بودیم، درست بخاطر دارم که در آن جشن يك پیراهن لیموئی رنگ بی‌آستین بتن داشتم و هیچوقت بقشنگی و طنازی آنشب خود را درآئینه ندیده بودم، از فرط خوشحالی روی پا بند نمیشدم و حق هم داشتم زیرا که سعادت مرا نشاط جوانی، تمول و دارائی، علاقه پدر و محبت مادر تأمین کرده بود.

درهمین شب پدرم بعنوان پری و هدیه پیانوی[۲] عالی و ظریفی را بخانه آورد، آنرا هم در گوشهٔ اطاق خویش جای دادم و از غایت خوشحالی برای اولین دفعه برسم حق شناسی گونه های چین خورده اورا بوسیدم و با این

[۱] Mme de Sevigne. [۲] piano.

عمل آب در دیدهٔ پدر پیرم گرداندم و دانستم که چه مقامی را در دل پدر سالخوردهٔ خویش دارم.

هرچه میخواستم حاضر میکردند و هرچه میگفتم انجام میگرفت. هیچکس قادر نبود بر خلاف اراده و میل من رفتار نماید و کسی جرأت نمیکرد که بی اجازه من داخل اطاق من بشود، حتی پدر پیرم برای ورود کسب اجازه میکرد و اگر احیاناً مرا مکدر و یا مغموم مییافت بقدری ملاطفت و مهربانی میکرد که راستی خجل میشدم و تنها یك لبخند من کافی بود که اورا بوجد بیاورد وزندگانی را سوافقِ دلخواه او بسازد.

دیگر بمدرسه نمیرفتم اما از آنجائی که عشق مفرطی بخواندن، براثر تشویقات مادرم، داشتم اغلب اوقاتِ فراغت را بمطالعه میگذراندم وبیشتر کتب افسانه و داستانهای عشقی طرف توجه من بود. از کتب درس عشق میگرفتم و باستعانت معلمه ام این دروس را روی شستیهای لغزندهٔ پیانو مطالعه میکردم. استعداد ذاتی من و استادی معلمه هر دو کمك کرده وبزودی توانستم نواختن قطعاتِ منتخبهٔ موسیقی شرق را بیاموزم و از اثر تمرین زیاد پیشرفت بیشتری نصیب من آمد.

هروقت کتاب تیره‌بختان هوگو(۱) را میخواندم پیش خود میگفتم در عشق و وفا چون فانتین(۲) خواهم بود و هر زمان اودیسهٔ(۳) همر(٤) را مطالعه میکردم اولیس(۵) را در نظر خویش مجسم ساخته و مزایای اخلاقی اورا بعاریت گرفته وخود را همردیف او میساختم و از غرور و خوشحالی مست میشدم! حس میکردم در من ایجاد عشق شده است ولی نمیدانستم معشوق من کیست؟ پنهان نمیکنم قهرمانان افسانه را دوست داشتم و آرزو میکردم که

(۱) Hugo, Victor.
(۲) Fontain.
(۳) *Odyssey*.
(٤) Homer.
(۵) Ulysses.

اقلاً معشوق من چون فرهاد[4] یا «ورترِ»[۱] کتابِ گوته[۲] باشد و معنی عشق و فداکاری را بداند.

تازه این رباعی باباطاهر عریان[5] را که میگوید :

ندانم لات و عریانم که کرده خودم جلاد و بیجانم که کرده
بده خنجر که تا سینه کنم چاك ببینم عشق برجانم چه کرده

حفظ کرده بودم و در پای پیانوی خویش میخواندم و درحقیقت میخواستم بدانم که این عشق خیالی برجانم چه کرده است ! . . .

اصفهان موزهٔ ایران و حقیقةً این شهر تاریخی آبروی این مرز و بوم است. مساجد قشنگ، ابنیهٔ عالی، پلهای محکم و زیبا چنان مرا مبهوت ساخته که خود را در عالم زیبائی و جمال میبینم. سردرب مساجد با گلدسته‌های آسمانی رنگ و کاشی کاریهای جذاب و ظریف بطوری قشنگ وآراسته است که تا شخص از نزدیك نبیند نمیتواند صحیحاً قضاوت کند که این آثار تاچه پایه محیرالعقول میباشند. آبهای زاینده‌رود[6] که برروی هم می غلطند و از چشمه‌های سی وسه پل وپل سنگی و خواجو عبور میکنند، بفصل بهار، بقدری تماشائی و مفرح است که روح تماشائیان را بنشاط در آورده وباعث هیجان و طرب میشود. قلمستان و درختهای بیدی که در ساحل یسار رودخانه غرس شده در شبهای مهتابی خصوصاً در فصل بهار، گوئی غرفهٔ از بهشت است که خداوند بایران زمین بخشیده و در صفحهٔ اصفهان فرود آمده است. کلیسای جلفا[7] که خود موزهٔ عظیمی است و نقاشیهای ذیقیمتی که زینت افزای دیوارهایش میباشند، حاکی از مجد وعظمت ایران در دورهٔ صفویه است. اگر سرپرسی سایکس[۳] در کتاب معروفش فصلی را

[۱] Werther. [۲] Goethe. [۳] Sir Percy Sykes.

مختص باصفهان ساخته و بفارسی در کتابش که بزبان انگلیسی مدوّن شده نوشته است «اصفهان نصف جهان» حق داشته چونکه در حقیقت اگر مسافری تمام آسیارا بگردد واصفهان را از نزدیك نبیند مثل اینست که آسیارا بهیچوجه ندیده باشد. فرنگیها و آمریکائیها، که از دیدن آسمان خراشها و عمارتهای یکنواخت خسته شده‌اند، خوبست این قشنگترین شهر آسیا را ببینند تامتوجه شوند صنایع مستظرفهٔ چهار قرن پیش ایران چه معجزهٔ در روح بخشیدن بقالب سنگ و آجر عمارات و ابنیه از خود نشان داده است.

من هرچه از زیبائی طبیعت اصفهان و قشنگی این شهر بگویم کم گفته ام، باید از نزدیك دید و از جمال بهره‌برد. افسوس که ما طرز معماری قشنگ شرقی خویش را از دست داده و در معماری هم پیرامون آثار فرنگیها می گردیم....

ای مرگ! چقدر بی رحم و بی عاطفه هستی! بقول مالرب[۱] شاعر فرانسوی بهر کسی که قصد کنی ورود مینمائی و هر که را بخواهی ازپای در میآوری. قصر امرا و بزرگان با مستحفظین بسیار از دخول تو جلوگیری نمیتوانند کرد، از دخول در کلبهٔ مسکین درویش نیز حیا نداری. گاهی با چنگال بی‌انصاف خود حلقوم جوان ناکام را میفشاری و زمانی چند کودك قشنگ و بیچاره را بیمادر و سرپرست میکنی. همان ناپلئون[۲] را که میخواست امپراطوری کرهٔ زمین بنام او در تاریخ بماند، در جزیره سنت هلن[۳] بازبونی تمام اسیر ساخته و همان قیصری را که بردریا شلاق میزد عاجزانه از پای در آوردی. ملکهٔ کلئوپاتر[۴] با آنهمه قشنگی از دست تو

[۱] Malherbe. [۲] Napoleon. [۳] St Helena. [۴] Cleopatra.

جان بدر نبرد و باسکندر کبیر با آندرجه اقتدار و سطوت بیش از سی و دو سال مجال زیست ندادی. ایمرگ بگاه و بیگاه هر موقع که اراده کنی میائی وهرکه را که بخواهی در آغوش کشیده و میبری. جوانی و قشنگی، خوبی وبدی، زیبائی و لطافت، هنر و کمال، جمال و نیك سیرتی، هیچکدام در نظر تو اهمیت ندارند. در میدانهای جنگ جوانان رعنائی را در خاك و خون می‌غلطانی و در عنفوان شباب غنچهٔ حیات بینوائی را می‌چینی. هیچ‌کس از دست تو جان بد رنمیبرد و تو بهیچکس ابقاء نخواهی کرد. همه از تو میترسند وتو از هیچکس بیم و هراس نداری. تو ناموس طبیعت هستی : ای ناموس پابرجا ! چقدر بی انصاف و شقی میباشی ! یکی را مجال میدهی که موهای سرش چون برف سفید گردد و دیگری را هنوز چشم نگشوده بیك چشم بهمزدن نابود میکنی. در هرخانهٔ که خیمه میزنی صدای ناله و فریاد برپا کرده و جگر عزیزانی را در لجهٔ خون غرق میسازی. استغاثه و ناله و گریه و فریاد و خواهش و تمنی و درخواست و استدعای هیچکدام در مقابل تو ارزشی نداشته و دل سنگ تورا نمیسوزاند. گویا خداوند درسینهٔ مَلك قابضِ ارواح بجای دل یك پارچه سنگ قرار داده است. هردم چهرهٔ بخود میگیری : گاهی بصورت زلزله در آمده و شهری را با ساکنین در زیر خاك مدفون میسازی، گاهی بصورت جنگ در آمده و در میادین مبارزه جوانها ومردانرا بخاك سیاه می‌اندازی، گاهی بشکل طوفان عرض اندام نموده وکشتیهائیرا با مسافرینش درآبهای بیکران غرق میکنی، بهر صورتی در میائی و بهر شکلی متظاهر میشوی، گاهی باعث جنون شده و یك عدهٔ را وادار بانتحار مینمائی.

اگر مایعات شکل ظروف را بخود میگیرند، تو صورت ترکیب و هیولا را اتخاذ میکنی. اما تو ای مرگ، با تمام این بی‌انصافیها، گاهی صورت قشنگ

و فریبندهٔ را بخود میگیری، آنوقت است که روسو[۱] ترا می ستاید و ترا بهترین نعمت طبیعت میخواند. حالا در این کلبه چه میگوئی؟ با که کار داری؟ بسراغ پروین بیچارهٔ من آمده ای؟

ای تندخو! آنانیکه پروین مرا بروز بدبختی و بیچارگی انداخته‌اند از بلای تو ایمن هستند و توتنگ بامِ خانهٔ ما پرواز میکنی؟...

(۱) Rousseau, Jean-Jacques.

جهانگیر جلیلی (ج.ج. آسیائی) : منهم گریه کرده ام

Jahāngīr Jalīlī (J. J. Āsīyā'ī), *Man-ham Girya Karda-am* (*I Have Cried As Well...*), pp. 2–3, 94–5, 113–14 (extracts) (Tehran, 1311/1933). See *Modern Persian Prose Literature*, pp. 64–5.

8

محمد مسعود

A rebel without a cause and a pessimist with no faith in human nature, Muḥammad Mas'ūd portrayed the society he lived in with the utmost venom. He was of humble origin and went to school in a small provincial town. During his early twenties he moved to the capital and became a teacher in an elementary school. Upon the publication of his first major work, *Tafrīḥat-i Shab*, a cabinet minister noticed the talent of the young author and sent him on a government scholarship to Europe to study journalism.

In 1941 he started publishing a vociferous weekly paper called *Mard-i Imrūz*. The harsh, slanderous articles of the paper spared no one who had any influence in the affairs of the state and gained the editor a number of powerful and vindictive enemies. He was assassinated in 1947 by an unidentified assailant.

Gul-hā'ī-ka dar Jahanam Mī-rūyad was the first volume of an unfinished project and takes the form of an autobiography. One of the book's fascinating chapters is the meticulous account of the author's childhood spent in a small town which was the seat of a holy shrine. Here he lived amidst the dust and mud of the graveyards, dervishes, snake-charmers, religious mourning ceremonies and passion-plays. In this book Mas'ūd shows himself a master craftsman, who writes with considerable vision and realism in simple yet piquant and moving language.

از تفریحات شب

آهسته و بدون صدا وارد کلاس[1] میشوم. شاگردان به احترام ورودم از جا بلندشده دوباره می‌نشینند. سکوت مطلق بر فضای تنگ و تاریك

[1] class.

کلاس حکمفرما شده، هشتاد حلقه چشم با تفرس و کنج‌کاوی معصومانه زیرچشمی نگاهم میکنند.

اشیای مندرس و پوسیدهٔ کلاس که گوئی از خلال قرن نوزدهم سربیرون کرده و باروح زنگ‌زدهٔ اطفالی که بوی کهولت و اندراس میدهند انس گرفته، طعنه و سرزنشم می‌زنند.

طول اطاق را که بیش از هفت قدم نیست چندین مرتبه پیموده در مقابل پرگرام[1] می‌ایستم (یکشنبه ساعت دوم : اخلاق) معلوم می‌شود این ساعت درس اخلاق دارند. من باید بآنها اصول اخلاقی را درس داده برای آنها صفات خوب و بد را شرح دهم!

آنها با انگشتان پژمرده و لاغر خود ساقه‌های قلم را فشرده برای نوشتن تقریرات من انتظار میکشند و من باقیافهٔ افسرده سر خود را بزیر انداخته راجع بتکلیفی که بعهده گرفته‌ام فکر میکنم.

آنها از من انتظار شنیدن عقاید قطعی و روشنی دارند در صورتی که من درهمه چیز حتی در وجود و زندگانی خودم در شك و دچار تزلزل و اشتباه هستم!

آنها بهدایت و راهنمائی کسی که در کوران[2] های زندگانی وجادهٔ پر اعوجاج حیات طی طریق کند احتیاج دارند در حالتیکه من از همه مردم حتی از خود اینها بیچاره‌تر و گمراه‌تر و دست و پاشکسته‌تر هستم!

بازوهای اینها برای مبارزهٔ حیاتی و برای مقاومت در میدان تنازع بقاء محتاج به تزریق جوهر آهن است ولی من هرچه در جسم فرسودهٔ خود تجسس میکنم حتی یك قطرهٔ خون که دارای جوهر حیات باشد پیدا نمیکنم!

[1] programme. [2] courant.

سر را بلند کرده بی اختیار میگویم : اطفال عزیز ! فوری چهل سر کوچك از روی کاغذها بلند شده دقیقانه نگاهم می‌کنند ولی کلام در حافظه‌ام منجمد شده قادر بادای مطالب خود نیستم.

میخواهم به آنها بگویم : اطفال عزیز ! من که در مقابل شما ایستاده‌ام بمراتب از شما بیچاره‌تر، درمانده‌تر، ضعیف‌تر، گناهکارتر و ناتوانتر هستم. شما از من که بهرگونه کمکی بیش از همه احتیاج دارم چگونه انتظار کمك و مساعدت دارید؟

کوچولوهای بیچاره! من هروقت بزندگانی آلوده و کثیف خود فکر میکنم می‌بینم که برای تربیت و هدایت من مربیانی که در نفس آنها فیض روح‌القدس تعبیه شده باشد لازم است درصورتیکه فعلاً موظفم شمارا دلالت و تربیت کنم!

زبان‌بسته‌های بدبخت! شما برای بنای کاخ سعادت و ترسیم نقشهٔ زندگانی خود منتظر دستورات و تعالیم من هستید. در صورتیکه من خودم از همهٔ شما بینواترم و از کثرت ناچاری با حقوقی کمتر از مزدِ یکنفر گردو فروش بمعلمی شما استخدام شده‌ام!

طفلك‌های معصوم! شما محتاج بجسارت، شهامت، اراده، لیاقت و هزاران چیز دیگر هستید. در حالتی که اگر یکی از اینها بضعیف‌ترین وجهی در روح من وجود داشت هرگز با این وضع خجلت‌آور در جلو شما نایستاده بودم!

بچه‌های بیگناه! تنها امتیاز من بر شما یك مشت محفوظات و ارقام واعدادی است که من بسالیان دراز در حافظهٔ خود ذخیره کرده‌ام. اما بشما اطمینان میدهم که آنها هیچکدام برای زندگانی شما کوچك‌ترین قیمت و ارزشی نخواهند داشت!

من باید بشما بگویم کتابها و جزوات شما مملو از مطالبی است که قسمتی از آنها غیرمفید و قسمتی هم حربۀ پوسیده و پر از زنگی است که شما با فراگرفتن و آموختن آنها آنرا برعلیه خودتان صیقل داده و تیز میکنید !

من باید بشما بگویم : راستی ، درستی ، فداکاری ، سخاوت ، عزت نفس ، توکل، اعتماد، خوش‌بینی سیم‌های خارداری است که در فرونت[1] اجتماع بدست و پای شما میپیچد و آنهائیکه با چنگال و دندان دروغ گوئی ، حقه‌بازی ، بدبینی ، سؤظن ، خودخواهی ، لئامت ، چاپلوسی ، شارلاتانی[2] مجهز هستند شمارا خُرد و متلاشی کرده فانی و معدوم میکنند !

من باید بشما تذکر بدهم اگر به نتیجه تعالیم و تربیت مربیان و فلاسفۀ بزرگ عالم هم نگاه کنیم نباید بمعصومیت آنها مطمئن شویم، زیرا آنها طی قرنها کوشش نتوانستند جامعۀ بشر را تحت دستورات و تعالیم خود تابع صلح و حقیقتی کنند که مدعی آن بودند. تنها یک عدۀ ساده لوح و بینوائی که تسلیم گفته‌های آنها شدند درچنگال حرص و آز دیگران قطعه قطعه شده و از یک نیت مقدس نتیجۀ جنایت‌کارانه گرفته شد ! حالا شما دقت کنید در تلۀ این عقاید و گفته‌های زیبا ولی قلابی و بی‌مغز گرفتار نشده، در دامِ آنهائیکه از حماقت و سادگی شما استفاده خواهندکرد شکار نشوید !

من باید بشما بگویم در تاریخ علوم بشری هنوز حقیقت مطلق و مسلمی یافت نشده و خطاها همیشه یکدیگر را تعقیب کرده‌اند. شما عمر و فکر خود را برای چیزهائیکه مسلماً یکروز خطای آن ظاهر خواهدشد تلف نکنید !

من باید بشما بگویم : وقت و عمر شما وقتی ارزش حقیقی خود را دارد که

---

[1] front.   [2] charlatanism.

برای تأمین زندگانی مسلمی که در مقابل چشم شماست و باهمه چیز شما تماس دارد صرف شود ، در اینصورت هرچه اوقات خود را به فراگرفتن مطالبی که در زوایا و کنار معبر حیاتتان است تلف کنید با دست خود طلای پر بهای وقت را در منجلاب حماقت انداخته‌اید !

من اینها و خیلی چیزهای دیگر را میتوانم بشما یاد بدهم ولی بدبختانه پرگرام شما در این خصوص لال و ساکت است و من جرأت ندارم که پای خود را از حلقه تنگ نظامنامه و پروگرام بیرون بگذارم !

زنگ تنفس زده شده شاگردان ، مانند پرندگانیکه درب قفس را باز به بینند ، با خوشحالی و شعف کودکانه از کلاس بیرون پریده بشلنگ اندازی مشغول شدند. فقط عدهٔ کمی کتابها را دو دستی چسبیده و گوشه وکنارهای مدرسه به حاضر کردن آن همت گماشته مثل پاندول[1] ساعت تکان میخورند، اینها شاگردان زرنگ و باهوش کلاسند که نمراتشان از همه بهتر ولی پوزه‌هایشان از همه باریکتر است ، زمزمهٔ مخلوط و اصوات درهم و برهم اینها که از خنده‌ها، صحبت‌ها و گفت و شنیدهای بچگانه ترکیب شده در روح پژمردهٔ من نفوذ کرده تصویر مبهمی از عوالم شیرین وبی‌آلایش بچگی در صفحهٔ خاطرات گذشتهٔ من نقش میبندد . . . . .

محمد مسعود (م . دهاتی) : تفریحات شب

Muḥammad Masʿūd (M. Dihātī), *Tafrīḥāt-i Shab* (*Night Diversions*), 4th edition, pp. 194–9 (Tehran, 1320/1941–2). See *Modern Persian Prose Literature*, pp. 66–8.

[1] pendule.

از گلهائیکه در جهنم میروید

در دورترین افق خاطرات من، در میان ابرهای تیره و مبهمی که طوفان زمان و بادهای حوادث بسرعت آنرا گاه تاریك و گاهی روشن، زمانی دور و ناپدید و لحظهٔ نزدیك و واضح میسازد، محسوسترین چیزیکه از مقابل چشمم دور نمیشود چهرهٔ محزون و پرچین و چشمان غمگین و پر از اشك مادرم میباشد!

من در تمام عمر او هرگز یك لحظه لبهای اورا باتبسم و چشمان اورا بی اشك ندیده‌ام!

پدرم همیشه عبوس و خشمگین و ساکت بود و مادرم دائماً نوحه خوان و اشك ریزان، من در میان خشم پدر و اشك مادرم رشد و نما میکردم و برای اینکه اولاد خلفی باشم هم خشم پدر وهم اشك مادر، هر دو را تاحد امکان تقلید مینمودم!

اطفالیکه در کوچه همبازی من بودند هم هیچکدام سرنوشتی بهتر از من نداشتند، فقط برخی از آنها که بمکتب میرفتند با داشتن معلمی که صد مرتبه از پدرشان جلادتر بود بر دیگران مقدم و ممتاز بودند.

نه ما هیچوقت از بازی خسته شده و نه مادرانمان هیچ وقت از کتك زدن ما آزرده میشدند، نوازش ما نفرین و بوسه ما سیلی بود، بهترین روزهای خوشی ما ایام عزاداری و شیرین‌ترین شبهای ما شبهای ماه مبارك رمضان[8] بود.

در روزهای عزاداری اطفال هر محله بدور هم جمع شده حلبیهای بریده را بشکل پنجهٔ انسان[9] بر سر چوب نموده و پارچهٔ سیاهی زیر آن آویخته طبل و دُهل کوبان و سر و سینه زنان خاکهای کوچه را بسر ریخته

ولجنهای جوی را به‌پیشانی و صورت مالیده شیون‌کنان برای یکی از بزرگترین پیشوایان مذهبی خود نوحه‌سرائی میکردیم.

در این تعزیه‌داری از طرف اولیاء ما همه گونه تشویق و ترغیب بعمل می‌آمد و اغلب اوقات در گردشهای دسته‌جمعی که بدور شهر، با تشریفات مخصوصی برای انجام عزاداری مجری میشد، پدرانمان ما را با جامهٔ سیاه و پای برهنه جلو دسته خود انداخته، پیشرو کاروان عزا قرار میدادند !

در ایام عزاداری بازارها و دکانها همگی بسته شده مردم در تکیه‌ها و مساجد و مکان‌های متبرکه ازدحام می‌کردند. در وسط شهری که اقامتگاه من بود قبرستان وسیعی وجود داشت که اطراف آن معبر کلیه اهالی شهر بود. قسمت قبرستان بیش از یک متر از کف معابر ارتفاع داشت وباین‌ترتیب کاملاً بر خیابانها مسلط بود. در انتهای جنوب غربی این قبرستان یکی از عالیترین و زیباترین بناهای شرق، صحن و مرقد یکی از معصومترین پیشوایان مذهبی مارا تشکیل میداد و در انتهای شمال غربی مسجد بزرگی، که میگفتند در ده قرن پیش بنا شده، بر تبرک این مکان شریف می‌افزود.

در روزهای عزا از تمام محلات شهر دسته‌های عزاداران حرکت نموده پس از عبور از مسجد مزبور داخل قبرستان شده و از جلو تماشا‌کنندگان که تقریباً تمام اهالی شهر بودند گذشته و پس از گردش در صحن و طواف دور مرقد دوباره بمحل‌های خود مراجعت میکردند. پیشاپیش هر دسته گروهی از اطفال با پیراهنهای پاره و سر عریان و پای برهنه و حال پریشان چوبهای کوتاه و بلندی که بآنها پارچه سیاه آویخته بود در هوا حرکت داده حسین، حسین[10] میگفتند و پشت سر آنها دسته‌هائی با طبل و شیپور وسنج سوزناک‌ترین آهنگهای عزا را نواخته و دنباله آنها عدهٔ زیادی مردان

با پیراهنهای سیاه که سینهٔ آنها تا روی شکم باز بود نوحه‌گری نموده و به
آهنگ شعری که میخواندند با نظم و ترتیبی هرچه‌تمامتر دو دستی بسینه
خود میکوبیدند . سینهٔ اکثر آنها طوری مجروح میشد که خون از آن سرازیر
میگشت و آنها با پنجهٔ آغشته‌شده بخون خود ، صورت و پیشانی عرق‌آلود
را گلرنگ مینمودند .

در عقب آنها نمایشات سانحه جگرسوز کربلا (11) شروع
میشد، ابتدا شهدای این واقعه جانگداز با اسلحهٔ آنروز که عبارت
از خود و زره و شمشیر و نیزه بود بر اسبهای سیاهپوش نشسته با خواندن
اشعاری که زبان حالشان بود از جلو ناظرین عبور کرده ، وپشت سر
آنها همانها را نشان میدادند که در اثر رزم با مخالفین خود مجروح و شهید
شده‌اند .

پیشاپیش همه حضرت علی‌اکبر (12) فرقش تا پیشانی شکافته درحالیکه
نزدیک بود بزمین بیفتد و خون مانند فواره از پیشانی و پشت سرش جستن
میکرد، پدر و مادر خود را باستعانت طلبیده بر بیکسی و بیچارگی خانواده
خود ندبه و زاری مینمود .

حضرت عباس (13) دو دست بریده شدهٔ خود را زیر بغل گرفته مشك آبی
که در اثر تیری سوراخ شده و آب از آن سرازیر بود بدندان گرفته در
حالیکه خون از بازوان بریده شده و اشك از چشمانش سرازیر بود ، ناظرین را
برقت آورده به گریه وادار مینمود .

حجلهٔ حضرت قاسم (14) و وداع او با اهل‌بیت منظرهٔ جابگذار دیگری
بود که جگر نوعروسان داغ‌دیده و پدران و مادران جوان‌مرده را آتش
میزد .

دنبالهٔ آنها نعشهای آغشته بخون که روی آنها از تیر و نیزه و خنجر

پوشیده شده بود ، صدای شیون تماشا کنندگان را بعرش میرساند. در کنار هر نعشی منظرهٔ جان‌گدازی این کاروان رنج و عزا را تکمیل مینمود. پهلوی جسد چاك‌چاك‌شدهٔ هریك زنی موی‌کنان و شیون‌زنان مراسم وداع را بجا آورده و دسته‌ای ملبس بلباس‌های عربی که فاتحین مبارزه بودند باتازیانه زنها را از نعشها جدا نموده به اسارت میبردند.

در کنار نعشی ساربانی[15] با ساطور مشغول قطع‌کردن انگشتان جسد وسرقت انگشتر او بود. در اطراف نعشها و دنبال آنها سرهای شهدا بود که بالای نیزه‌ها در هوا چرخ میزد و سنگدلترین اشخاص را به گریه میآورد. بفواصل هر صحنه جگرخراشی دستهٔ طبال و شیپور زن با دهل و سنج بر شور و غوغای عزا می‌افزودند.

در میان این دسته عزا عده‌ای زیاد سراپا کفن‌پوش شده و هریك شمشیری بدست گرفته حسین ، حسین‌گویان بر فرق خود مینواختند ، خون سیاه و غلیظی از پیشانی و فرق آنها سرازیر شده تمام صورت و کفن تا روی پنجه‌های پای برهنهٔ آنها را در خون غوطه میداد. خون طوری صورت آنها را میپوشانید که چشمان آنها قادر بدیدن پیش پای خود نبود ، وضعف طوری بر آنها مسلط میشد که یارای قدم برداشتن نداشتند ، در اینموقع دستهٔ دیگری که عزاداری آنها بپای این دسته نمیرسید پهلوی آنها ایستاده با دستمالهای عرق‌آلود خون چشمان را پاك کرده و باگرفتن زیر بازویشان آنها را در راه رفتن کمك و مساعدت مینمودند.

در تمام این جریان ما کودکان پهلوی مادران خود ، روی قبرها که کاملا مسلط بر معابر بود ، زیر آفتاب سوزان و حرارت چهل درجه ، ایستاده آنها را تماشا میکردیم. مادرانمان با مشت بقدری بسینهٔ خود میکوبیدند که استخوانهایشان نرم میشد و به اندازه‌ای شیون و شین میکردند که نفسشان

قطع میگردید. فاصله ما بامرده‌ها بیش از دو متر خاك نبود و هیچ چیز باندازهٔ مرگ با ما تماس و نزدیکی نداشت.

در وسط قبرستان مرده‌شوی خانهٔ تمیزی ! وجود داشت كه دارای آب جاری بوده و این نعمت ، یعنی داشتن آب جاری، بزرگترین خوشبختی مرده‌ها بود زیرا در تمام مدت زندگی كمتر نصیبشان میشد كه با آب جاری بدن خود را شستشو دهند. قبركنها در روزهای كسادی بیكار ننشسته و هركدام در خور همت و استعداد خود چند خانهٔ اموات بطور ذخیره تهیه مینمودند.

روزهای عزائی كه شرح دادم روز بازارگرمی مرده‌شویها و قبركنها بود ، از هیچ دستهٔ عزائی نبود كه چند نفر شمشیر زن بواسطهٔ زیاد رفتن خون تلف نگشته بشهدا ملحق نشوند. مرگ آرام و محزون آنها در مقابل چشم عزیزانشان روی خاكهای قبرستان در مقابل هزاران حلقه چشم كه با بهت وحیرت آنها را مینگریستند ، انجام میگرفت. خوشبختانه همه چیز حاضر و در دسترس بـود ، غسالخانه نـزدیك و گور از آنهم نزدیكتر بـود. حقیقتاً سعادت چنین شهادتی مورد رشك و غبطهٔ كلیهٔ شیعیان بود و اتفاقاً این درب سعادت بروی هیچكس بسته نبود.

فریاد و شور و غوغائی كه از اول طلوع آفتاب در میان صحن و قبرستان ومسجد ولوله میانداخت بتدریج با بلند شدن آفتاب زیادتر میشد و موقعیكه دسته‌های عـزاداران وارد قبرستان میشدند، غلغله و آشوب جمعیت بـه منتهی درجهٔ كمال رسیده بود. مردم مانند دسته‌های ملخ كه در سالهای آفت و قحطی بر گندمزارها هجوم كنند روی گورها بهم فشار آورده كیفیت شب تاریك اول قبر را در روز روشن روی قبرها احساس مینمودند. بوی تند و زنندهٔ عرقِ بدنها ، باگرد و غباری كه بوی استخوان پوسیده اموات را میداد، توی حلق و بینی مارا مملو میساخت. سوزش آفتاب بقدری شدید بود

45

که [از] تابش آن بخار مکروه و تعفن‌آمیزی از گورها ، و از چربی روغن مرده‌ها ، که سراسر جاده را پوشانده بود ، بهوا صعود نموده آفتاب روز قیامت وصحرای پرشور محشر را کاملا مجسم میساخت .

همینکه آفتاب بدائرهٔ نصف‌النهار میرسید ، قوه استقامت و قدرت ایستادگی عزاداران و تماشاچیان ضعیف شده ، شیون‌ها به ناله تبدیل میشد و سر وسینه‌کوبیدن‌ها بگریه و زاری تخفیف مییافت . کم‌کم قبرستان خلوت میشد و مرده‌ها آرام میگرفتند . فقط عده کمی در گوشه‌های مختلف گورستان مشغول بخاک سپردن شهدای خود بودند که در اثر شمشیر زدن یا جهات دیکر هلاک شده بودند .

این مناظر روزانه ، با ترکیبات و تغییرات مدهش و غریبی ، خوابهای کودکانهٔ مرا ترتیب میداد . شبها از موقعیکه چشم روی هم میگذاشتم جسدهای پاره‌پاره و هیاکل غرقه‌بخون و زنهای سیاه‌پوشی که موی کنان شیون وزاری میکردند ، در جلو چشمم دفیله[1] میداد . این مناظر وحشت با قوهٔ واهمه کودکانه‌ام مخلوط شده ، خوابهای عجیبی ، که امروز هم از یادآوری و تصور آنها بر خود میلرزم ، برایم ایجاد مینمود . سرهای بریده شهدا را در خواب میدیدم که به بدن شیرها[16] نصب شده و در بیابانهای وسیع وبی آب وعلفی ، زیر اشعهٔ آفتاب سوزان ، مانند مس گداخته شده و نعره زنان مشغول دریدن ساربانان و آتش زدن خیمه‌ها هستند .

از میان این صحرای لمیزرع رودخانه عظیمی ، که بجای آب خون سیاه رنگی در آن موج میزد ، عبور نموده و در وسط امواج سرهای بریده مانند ماهیهای قرمز شناکنان مشغول تلاوت کلام‌اله مجید میباشند !

یك شب پس از آنکه مادرم از روضه مراجعت نموده نوحه‌خوانان

[1] défilé.

46

و گریه‌کنان مرا خواب کرد، خواب دیدم که در میان خرابه‌های شهر شام (البته این شهر را ندیده بودم و با توصیفی که از آن کرده بودند در مخیلهٔ خود شهری باسم شام ساخته بودم!) مشك سنگینی از آب بدوش گرفته گریه‌کنان بدنبال اهل‌بیت مگیردم که قطرهٔ آبی بلب تشنهٔ آنها برسانم ولی هرچه گردش میکنم اثری از آنسان دیده نمیشود و فقط جغدها و خفاشان بزرگی که از کبوتر هم بزرگترند اطرافم پرواز نموده با منقار خود که شبیهٔ به تیر است میخواهند مشك آب را سوراخ نمایند. در این بین ناگهان طوفانی از ریك و خاك اطرافم را سیاه نموده و وقتی بالای سرنگاه کردم سر بریدهٔ یکی از شهدا را دیدم که خون از حلقوم او بر روی صورتم میچکید. من از وحشت بیدار شده همینکه چشم گشودم چهره بی‌رنگ و غمگین مادرم بالای سرم ساکت و بی‌صدا بگریه مشغول بود و اشك گرم او بر گونه‌هایم میچکید وهمین اشك بود که در خواب خون سربریده تصور مینمودم.

وقتیکه تفصیل خواب خود را برای مادرم نقل کردم اظهار داشت که آن سربریده سر حضرت عباس بوده و از آنروز مادرم خود و مرا وابسته او میدانست. . . .

محمد مسعود (م. دهاتی) : گلهائیکه درجهنم میروید

Muḥammad Masʿūd (M. Dihātī), *Gul-hā'ī-ka dar Jahanam Mī-rūyad* (*Flowers that Grow in Hell*), 2nd edition, pp. 51–60 (Tehran, 1321/1942). See *Modern Persian Prose Literature*, pp. 66–8.

9

علی دشتی

'Alī Dashtī is a controversial figure in the literature and politics of
modern Iran. He was born into a deeply-religious middle-class
family and entered public life. In 1921 he established the influen-
tial daily paper called *Shafaq-i Surkh*. The sharp editorials of this
newspaper along with the political candour that characterized the
youthful Dashtī often led him to prison or into exile. In the course
of time he acquired more discretion and was rewarded with
important positions. At present he occupies a seat in the Senate.

The three selections presented here are representative of three
distinctive traits prevalent in Dashtī's works. The first one is from
Ayyām-i Maḥbas which was written when the author was still a
young man and concerns his thoughts on society and politics.
Fitna, like his other books in this vein, is a colourful *tableau vivant*,
depicting the love-play and caprices of certain promiscuous men
and women in high society. *Naqshī as Ḥāfiz* was the first of a series
of studies putting forth Dashtī's views on the personality, works
and ideas of great Persian classical poets.

Dashtī's language in all his works is the exact opposite of the
trend followed ardently by the younger writers. Rather than em-
ploying the colloquial, everyday language of the people, he tends
to use an elegant and decorous style, choosing his words and
phrases principally for their rhythm and lyricism. This explains
his popularity as a writer in many conservative circles.

از ایّام محبس

امروز روز سیزده عید(17) است. همهمه و حرکتی که امروز در میان اهالی شهر موجود است یك طنین غمناك و حسرت‌آلودی در فضای این گورستان انداخته است.

امروز شهر بکلی آرام و بی‌صداست: مردم همه در اطراف شهر میان مزارع و باغها پراکنده شده‌اند. دسته دسته در آغوش سبزه و در زیرسایهٔ آسمان مینائی افتاده و سعی میکنند دقایق روز را باخوشی و مسرت بپایان رسانند.

امروز مثل عیدهائیکه به «کوپیدن»[۱] رب‌النوع عشق، اختصاص داشت پر از نسیم آرزو و محبت، پر از شادی و تفریح، پر از مستی و خنده است.

امروز اول صبح برای طراوت سبزه‌ها آسمان ترشح مختصری داشت وباران ملایمی برای فرو نشانیدن غبار، زمینها را آب پاشی کرد و پس از آن آسمان درخشنده‌تر و رنگ لاجوردی آن شفاف‌تر شد و قطعه‌های سفید ابر مانند کفهای سفیدی که از دور در میان دریا مشاهده میشود در میان فضای نیلوفری شناوری میکرد.

رفقا همه در حیاط محبس جمع شده و در آفتاب نشسته بودند. دو نفر از دزدهای محبس عمومی را آورده بودند که آب حوض را خالی کنند.

یکی از رفقا مانند یك کشیش کاتولیك[۲] یا یك واعظ قشری آنها را ملامت و توبیخ میکرد که چرا دزدی میکنند.

[۱] Cupid. [۲] Catholic.

یکی از آنها با یك لهجهٔ قاطع و مطمئنی گفت: «برای اینکه ما همیشه با بدبختی و فلاکت دست بگریبان هستیم و در برابر چشم ما یك دسته مردمان متنعم همه چیزهای خوب و وسائل سعادت را آماده دارند. آیا ما حق نداریم که یکمقدار مختصری از وسائل خوشبختی آنها را برای خود جلب نمائیم؟».

آیا ما حق داریم آنها را ملامت کنیم که چرا دزد میشوند. آیا همین افرادی که دزدی در خانهٔ ایشان روی میدهد بوسیلهٔ دزدی موفق بجمع مال وثروت نشده اند؟

این جوان ساده‌لوح بی‌تربیت با این جواب مختصر خود یك فلسفهٔ بزرگ و یك حقیقت مسلم اجتماعی را تأیید میکرد.

حقیقتاً چرا انسان دزدی میکند؟

— بهمان دلیلی که گرگ گوسفند را درهم میشکند. اگر ما توانستیم فلسفهٔ حرارت آتش را بفهمیم علت دزدی بشری را هم خواهیم فهمید.

ولی یك مسئله محل توجه است: آیا این جوان بدبختی که بجرم دزدیدن دویست تومان در محبس افتاده است بیشتر مستحق تنبیه و مجازات است یا آن متمولی که این سرقت در خانهٔ او واقع شده است؟

قوانین مدنی دومی را آقا و صاحب مال و با شرف میداند و این جوانك بدبخت را دزد و بیشرف معرفی میکند. اما من چون کمتر باین جمله‌های بیروحی که باسم قوانین موضوعه در کتب تدوین شده است اهمیت میدهم آن متمول را دزد و آن جوانك فقیر را صاحب مال میدانم!

آیا این مجسمه‌های غرور و نخوت که خود را مافوق طبقات مردم تصور میکنند از کجا تحصیل ثروت نموده‌اند؟ خوب فکر کنید، لازم نیست بآمریکا و اروپا رفته سرمایه‌داران آنجارا مورد دقت قرار داده و اقوال کارل

مارکس[۱] را مطالعه نمائید. سرمایه‌دارهای آمریکا و اروپا در مقابل متمولین ما مجسمهٔ انصاف و درستی هستند. اینجا ایرانست. هنوز دزدی های قانونی باسم کاپیتالیزم[۲] شروع نشده، رجال و متمولین ما از جنس تجار نیستند: اعیان، حکام، شاهزادگان، ملاکین، اشراف ارثی — اینها هستند طبقهٔ سرمایه دارما.

تمول این دسته آلوده بخون هزارها افراد جامعه است، مکنت و تجمل این آقایان با اشك چشم هزارها ستمدیدگان اجتماع تدارك شده است. سعادت و نیکبختی اینان قیمت مرگ و ناکامی چندین هزار مرد و زن و اطفال خرد سال است.

اگریك احصائیه میتوانست نشان بدهد که هریك از این عمارتهای عالیه باچه جنایتهائی برپا شده است البته اعتراف میکردید که این جوان محبوس دزد نیست، دزد آن آقائی است که خون یك ملت را مکیده تا باین عظمت و جلال نائل شده است. . . .

علی دشتی: ایّام محبس

'Alī Dashtī, *Ayyām-i Maḥbas* (*Prison Days*), pp. 53–5 (Tehran, 1301/1921). See *Modern Persian Prose Literature*, pp. 69–70.

[۱] Karl Marx. [۲] Capitalism.

از فتنه

نامه نخست

از سیامك بخانمِ . . .

« . . . بدیش اینست که شما نمیدانید اینکه در سینهٔ من میطپد دل است و از عصب ساخته شده است نه از آهن !

«کاش بانسان این توانائی را داده بودند که بر قلب خود حکومت کند وضربانهای آنرا تحت اختیار داشته باشد. مگر مسافرین یك کشتی طوفان زده میتوانند امواج دیوانهٔ دریارا زنجیر و نهیب بادهای سرکش را با پند واندرز رام کنند؟ ما موجودهای ضعیف چه هستیم در مقابل سرکشی آرزوها وطغیان امیال؟ جز تخته‌پاره‌ای که بتفنن امواج دریا واگذار شده است.

«برای طبایع متلون و ناپایدار که سرکشی آرزو و هوس هرروز آنها را بغوغائی میاندازد کار چندان دشوار نیست. اینها اگر بخواهند از سیطره وخیال زنی خود را نجات دهند باید او را زیاد ببینند، طبعاً مثل کسانیکه غذای مکرر آنها را میزند بزودی میتوانند خود را از شر عشق زنی که قلب آنهارا تسخیر کرده است خلاص کنند. برای آنهائی که قوهٔ تحلیل وانتقادشان قوی است و می‌توانند جنبه‌های حسن و ضعف هر چیزی را زود از هم تفکیك کنند، راه فرار از چنگال زنی که خیلی مزاحم آسایش آنها میباشد اینست که زیبائی اورا در معرض قوهٔ فنا کنندهٔ نقادی درآورند. من یقین دارم اگر یك فکر روشن با ارادهٔ سلیمی این کار را بکند، هیچ وجاهتی تاب تحمل آنرا نیاورده مانند برفی که در مقابل اشعهٔ آفتاب خرده خرده تحلیل میرود، در اندك مدتی، زنی که انسان اورا برتر از ستارگان زیبای آسمان میداند، مثل سایر زنان عادی میشود. حل قضیه برای اشخاصی که زود انس و علاقه

پیدا میکنند از همه آسانتر است : آنها همین‌قدر که از مراوده خودداری کرده ، کمتر ببینند آن زنی را که خیال می‌کنند دست تقدیر ازل برای آنها ساخته است و در زیر این آسمان کهنه و فرتوت دیگر نظیر آنرا پیدا نخواهند کرد ، شور و التهاب عشقشان تسکین مییابد و کم‌کم آسودگی و بی‌خیالی جای خود را باز میکند. من بهمهٔ این وسائل دست زدم و بخیال خود خواستم با فداکردن آرزو و عشق خود شما را راحت بگذارم ولی بیهوده.

«خیال نکنید من الان قلم بدست گرفته میخواهم نامهٔ عاشقانه بنویسم زیرا بنظر من این کار لغوی است: معمولاً در اینگونه نامه‌ها چه یافت میشود؟ از نخستین روزی که بر روی کره زمین معمول شد مردها بزنها نامهٔ عاشقانه بنویسند تا امروز، غیر از دو مطلب چیز دیگری ننوشته اند : تعریف جمال زن و بیان درجهٔ عشق مرد. برای من هردوی اینها بیهوده و غیرعملی است. من از زیبائی شما چه تعریفی دارم بکنم؟ قطعاً هزارها زن از شما زیباتر هست ، همین شمائی که در نظر من از هر تمنائی زیباتر و از هر امیدی فروزنده‌تر هستید، شاید در نظر هزارها مرد زیبا نباشید. زیبائی یك امر اعتباری و ذوقی است و ابداً ملاك و میزان معینی ندارد. آن دیگری هم غیر عملی است. زیرا بشر باهمهٔ ترقیاتی که کرده و در قوهٔ بیان و افهام معانی سرآمد ساکنین کرهٔ خاك شده و شاید از همین‌جهت هم خود را از آنها برتر میداند، هنوز نتوانسته است برای بیان احساسات و تفسیر ضربانهای قلب خود کلماتی وضع کند. هنوز برای نشان دادن این انقلابات و طوفانی که آسایش و استقامت ما در زیر ضربتهای آن معدوم میشود وسیله ای بدست ما نداده اند.

«من همین‌قدر میتوانم بگویم دوست میدارم و آرزوی کسی خواب را از سرم بدر میبرد. ولی آن هیجانها و بحرانهائی را که از نیمه‌های شب بر من

مستولی شده تا نزدیکی‌های فلق فکر و روح مرا در میان دنده‌های خود خرد میکند، چگونه میتوانم بیان کنم. ما نمیتوانیم دردی را که از نِقرِس احساس میکنیم برای دیگری نقل کنیم و هیچ بیان سحّاری نمیتواند حقیقت درد و المی را که ضربه‌های تازیانهٔ ظالمی جسم بشریرا میگدازد نشان دهد، آنوقت چگونه میتوانیم روحی را که در زیر فشار یـأس و امید افتاده است وتازیانه‌هائی که آرزو و ناکامی بر اعصاب ما میزند تشریح کنیم!

«آیا شما وقتی ترانهٔ غم‌انگیزی شنیده محزون میشوید می‌توانید بمن بگوئید چرا غمناك شده‌اید و چرا سایهٔ اندوه بر فضای روح شما خیمه میزند، یا هنگام شنیدن آهنگ طرب‌انگیزی چرا آسمان خندان بهار در فضای هستی شما درخشان میشود و در آن لحظه چه خاطرات و چه سوانحی از اعماق تاریك و مبهم درون شما میگذرد؟

«ما در این مرحله بس ناتوانیم. از اینرو همهٔ افراد حساس برای اظهار عواطف خود بشعر و موسیقی متوسل شده‌اند و من خیال میکنم فصیح‌ترین وبلیغ‌ترین چیزی که انسان میتواند در این مواقع بگوید سکوت است که جلال و عظمت لایتناهی شعر و موسیقی را در بر دارد. زیرا همینکه دهان باز کرده خواستیم عواطف خود را نشان دهیم و از آن ماجراهائی که در کنهٔ روح ما میگذرد سخن بگوئیم از آسمان بلند تصورات و تخیلات خود بسطح عادیات وزندگانی مبتذل روزانه فرو میافتیم و شما خیال می‌کنید همان‌طوریکه میلیونها[1] مرد از میلیونها زن خوششان می‌آید منهم از شما خوشم می آید». . . .

علی دشتی: فتنه

ʻAlī Dashtī, *Fitna*, pp. 136–9 (Tehran, 1322/1943). See *Modern Persian Prose Literature*, pp. 72–3.

[1] millions.

از نقشی از حافظ

معنی بلاغت اگر اینست که بتوان مفهوم را از ذهن خود به ذهن مخاطب بطور مؤثر انتقال داد و اثری که در کُمون نفس گوینده نهفته است کاملاً بدیگری رساند، حافظ در اوج بلاغت جای دارد و در موجزترین جمله صحنه‌ساز بی‌بدلی است.

شب است و دریا طوفانی، کشتی بتخته سنگی خورده از هم متلاشی شده است، امواج سرگزا دیوانه‌وار میخروشند، بازوهای غریق از تلاش مأیوسانه فرسوده شده و هر لحظه ممکنست در زیر آبهای تیره با تمام امیدها و آرزوها مدفون شود. اما چراغهای ساحل از دور سوسو میزند. هزارها موجود، آرام، بیخیال و فارغ از هول و ناامیدی آنکه تا چند لحظهٔ دیگر در کام امواج دیوانه فرو خواهند رفت آنجا قدم میزنند، عشق میورزند، میخندند، میخورند، میآشامند، حمله‌های متوالی امواج اندام آنها را سرد و کرخ نکرده است.

مادری بچشم خود می‌بیند که جنازهٔ یکتا فرزندش را از خانه بیرون می برند: جوان رعنائی که دیگر بخانه برنخواهد گشت، دیگر آن نور گرم ونوازش‌کننده از چشمان او برمادر مأیوس و تنها نخواهد تابید. هزارها مادر دیگر آسوده و بی‌خیال در خیابانها قدم میزنند، بمهمانی میروند، میخندند، ولی آشنایان بیخیال و فارغ از این آتش گدازنده‌ای که سراپای ویرا میسوزاند، بر سر و صورت او کلمات خاموش و بیجان تسلیت‌آمیز میریزند.

گاهی فراخنای جهان بر شخص تنگ میگردد. فروغ گرم زندگی منحصراً از یك روزن میتابد و غفلتاً آن روزن بسته میشود: کسی را

دوست میدارد که بدو خیانت میورزد، از همهٔ نعمات دنیا برای موجودی چشم میپوشد که اورا تحقیر میکند، طغیان یك آرزو شخص را از دیدن صدها آرزوی دیگر کور میسازد و رسیدن بآن یك آرزو ممتنع میگردد، در دست ستمگر سنگدلی اسیر و زبون است که باجان او بازی میکند و ناموس وشرف او را در لای و لجن میکشد.

در صدها حالت نامرادی دیگر نیز زندگی، با همه پهناوری، تنگ و تاریك و تحمل‌ناپذیر میشود. شخص رنج میبرد و در مقابل چشم خود صدهاهزار بشر دیگر را آسوده و فارغ‌البال می‌بیند که معنی درد و بدبختی را نمیفهمند، یکسیکه خود را کشته و از زندگی آسوده کرده است سفیه میگویند. همهٔ این حالت‌ها در یك بیت خواجه (18) مصور است:

شب تاریك و بیم موج و گردابی چنین هایل
کجا دانند حال ما سبکباران ساحل‌ها

کیست، کدام صاحبدلی است که وقتی میخواند:

فرصت شمار صحبت کز این دو راه منزل
چون بگذریم دیگر نتوان بهم رسیدن

ناپایداری زندگی، عبث بودن قهرها و رنجش‌ها، تمام شدن آرزوها را در لب گور احساس نکرده باشد؟ دو مسافر در بیابان بیکرانی بهم میرسند، پس از اندکی مکث از هم جدا شده یکی بطرف مشرق و دیگری بسوی مغرب

رهسپار و بزودی در کرانه‌های افق از چشم هم ناپدید میشوند ، دیگر دیدار
وپیداکردن یکدیگر برآنها ممتنع میگردد . برای عرصهٔ حیات تصویری از این
زنده تر ممکن است کشید؟ . . .

علی دشتی : نقشی از حافظ

'Alī Dashtī, *Naqsh-ī az Ḥāfiẓ* (*A Portrait of Hafiz*), pp. 119–21 (Tehran, 1336/1957). See *Modern Persian Prose Literature*, pp. 70–1.

10

محمد حجازی

Muḥammad Ḥijāzī (the *Muṭī'ud-Dawla*), both as a writer and an individual, has been closely connected with official life from his early youth. After his studies in Tehran and Europe, he occupied several government positions including the editorship of the official journal *Īrān-i Imrūz* and the directorship of the state-controlled Radio and Propaganda Department. He has been a member of the Senate for several years now.

As a prolific novelist and essayist, Ḥijāzī was at the height of his popularity during Riẓā Shah's reign. His themes generally revolve around corrupt morals and the negative aspects of human nature which, according to the author's credo, can be remedied by exhorting and persuading the evil-doers to correct their failings. He normally writes in a straightforward, melodious and, in comparison with modern works, somewhat archaic language. Nevertheless, his style, imbued with classical lyricism and a kindly philosophy, is often considered a suitable model by young students.

'شرح زندگانی یك فیلسوف بزرگ'

دو هزار و سیصد و چهل سال پیش از این در یکی از بندر های دریای سیاه موسوم به سینوپ[۱]، که در آنزمان جزو متصرفات یونان بود، مرد گمنامی زندگانی میکرد. نام اصلیش را کسی نمیدانست ولی چون از زنش مسن‌تر بود اورا به اسم پدرهلن میخواندند. پدر هلن مردی بود ساده و خوش اخلاق و چون زنش جوان و زیبا و بسیار خوش‌پذیرائی بود، مهمان زیاد بخانهٔ

[۱] Sinop.

آنها میرفت. بعضی از دوستان که بسعادت آنها علاقهٔ مخصوصی داشتند اغلب سرمایهٔ کافی به پدر هلن میدادند که برای تجارت بممالك مجاور که در تصرف ایران آنوقت بود برود و تحصیل معاش کنند از ایجهت هلن بیشتر ایام را تنها میزیست و همهٔ زحمات پذیرائی دوستان و مهمانها برعهدهٔ او بود.

گاهی پیرمرد بخانه مراجعت میکرد، سرمایه را تمام کرده دست از پا درازتر، ولی دوستان دست از دوستی برنمیداشتند و همراهی خود را از او دریغ نمی‌کردند، سرمایه‌اش را تجدید کرده باز روانه‌اش میداشتند. یکمرتبه غیبتش چند سال طول کشید، در اینمدت غیبت خداوند پسری به هلن کرامت فرمود، دوستان نام او را دیوژن[۱] گذاردند (یعنی خداداد). بیچاره هلن در اوایل با وجود دلداری دوستان خیلی وحشت داشت که اگر شوهرش بیاید چه جواب بگوید ولی همینکه دوسه سال گذشت دیگر جای ترس نبود زیرا واقعه کهنه شده و سن طفل را ممکن بود زیادترگفت که با تاریخ حرکت شوهر مطابقت کند و البته پیرمرد هم چون تجربه بسیار دارد اگر میآمد خیلی دقت نمیکرد.

اما دیوژن بسن هیجده رسید و جوان زیبائی شد ولی هرگز پدر خود را ندید و از او نام و نشانی بدست نیاورد. دیوژن خیلی غیرتمند و آتشی مزاج بود، چون احتمال میداد فیلاس که هفته‌ای سه‌چهار شب در اطاق مادرش میخوابد پدر او باشد اغلب با خود میگفت چطور است که فیلاس در خانهٔ خود همه‌گونه اسباب تجمل و آسایش دارد و بما جز قوت‌لایموت چیزی نمیدهد؟

یکشب آتش غضبش شعله زده کارد درازی بدست گرفت و ببالین فیلاس

[۱] Diogenes.

ومادرش شتافت، فریاد زد فیلاس اگر توپدر من نیستی بگو تا خونت را
بریزم ! فیلاس با صدائی لرزان گفت البته که پدر توام !

این جواب خیلی بموقع شد، دست دیوژن را که با کارد مثل اجل بالای
سر او معلق بود پائین آورد.

خشم دیوژن اندکی فرونشسته گفت حالا که تو پدر منی چرا باید در
خانهٔ خودت آنهمه تجمل و اسباب رفاه داشته‌باشی و ما گرفتار سختی
باشیم ! این حرف بنظر مادرش هم منطقی آمد و با او همصدا گشت. فیلاس
بگناه خود اعتراف کرد و در همانشب نصف مال خود را به هلن و دیوژن
واگذاشت. بعدها دیوژن از زحمت تردید نسبت به اولادی فیلاس خلاص
گشته وجدانش بکلی راحت شد.

دو هزار و سیصد سال پیش نیز مثل حالا برای علاج مرض کسالت که
از بیکاری تولید میشود صحبت دوستان و عشق زنان و بخصوص قمار و بخت
آزمائی معمول و وسیلهٔ تهیهٔ این دواها نیز پول بوده.

دیوژن ثروتمند شد، کفش‌دوزی را رها کرد و مانند همهٔ جوانهای
متمول که محتاج بکار کردن نیستند مبتلا بمرض کسالت گردیده ناچار
بمداوی مرض پرداخت. گرچه خُلقی فوق‌العاده تند و خشن و قلبی سخت
داشت و عاداتش پست بود معهذا از دوستان صمیمی و زنان عاشق گروهی
دور او جمع شدند زیرا فوق‌العاده بذال و قامتش موزون و صورتش دلکش
بود. چون از صرف مال دریغ نمیداشت هر روز بر احترامش میافزود
وشهرتش در شهرها میرفت، از هرطرف بزیارت و ارادتش میشتافتند. وقتی
بر ارّابهٔ دوچرخه که هشت اسب بر او بسته بود و خودش بسبک آنزمان
ایستاده میراند سوار شده از معابر میگذشت صدای تحسین عابرین بلند میشد.
اطفال در عقبش دست شادی میزدند و فریاد می‌کردند زنده‌باد دیوژن !

رفته رفته قصه‌ها در اطرافش ایجاد شد تا جائیکه گفتند نطفه‌اش از کمان ژوپیتر[1] (خدای خدایان) رسته و بدست مارس[2] (رب النوع جنگ) در رحم مادرش قرار یافته و منتور[3] (رب النوع عقل) آنرا پرورش داده و دایگی کرده است: لیاقت حکومت دارد.

دیوژن بی‌نهایت مفتون و آرزومند ریاست بود ولی قوۀ آن فداکاری را که گاهی دست از گردن معشوقه و لب از لب جام بردارد نداشت بعلاوه مبتلا بقمار شده بود و قمار گرچه روز اول برای معالجۀ کسالت اختراع شده ولی همینکه عادت شد خود مرضی است بی‌دوا، از آنجا که قمار بامکنت جمع نمیشود و دیوژن دست از قمار برنمیداشت دل از مکنت برداشت. هرقدر از مالش میکاست رشتۀ محبت دوستان نازک میگشت و هرقدر موی صورتش تند میشد آتش عشق زنان فرو می‌نشست. دیوژن چون علم شناختن روحیات بشر را نداشت ناچار بود آنرا بتجربه بیاموزد، این بود که در ابتدا از این تغییر وسردی چیزی ملتفت نمیشد، اغلب متغیر شده بر دوستان پرخاش میکرد وبازنان گاه درشتی وگاه عجز و لابه مینمود.

هرکس عاقلتر بود زودتر و هرکس کمتر عاقل و بیشتر بندِ احساسات بود دیرتر، بالاخره همه ترکش کردند تا آنکه روزی دیوژن تنها و محتاج شد. پس از زندگانی در نعمت و عشرت، کار و زحمت بسیار دشوار است. باهزاران مشقت و عذابِ روحی دکۀ قدیم را باز کرده، چرم کهنه‌ای بدست گرفت وبسوراخ کردن آن مشغول شد. ساعتی نگذشت یکی از عابرین اورا شناخت فریاد زد آی دیوژن را ببینید!

بصدای او عابرین جمع شدند، هر آن جمعیت زیادتر میشد بقسمیکه

[1] Jupiter.   [2] Mars.   [3] mentor.

صفهای آخر اصلا نمیدانستند مقصود از این اجتماع چیست. از قهقهه وتمسخر حضار فضا پر بود.

در این ضمن یك صدائی از همه قویتر بلند شد که ساکت باشید! همه ساکت شدند. دیوژن را با انگشت نشان داده گفت این بیچاره آنقدر احمق است که دو سال تمام من هرشب مهرهٔ تقلبی با خود داشتم و در قمار با او بکار میزدم و اغلب شبی صد درم میبردم حتی گاهی ملتفت میشد و حرف نمیزد... صد ای خندهٔ حضار گوش را کر میکرد.

دیوژن دقت کرده دید کارلوس آن دوست صمیمی است که از همه باو نزدیکتر بود. شنیدن این حرفها از دهان کارلوس پردهٔ سیاهی را از جلو چشم دیوژن برداشت، مثل آن بود که صد سال فلسفه تحصیل کرده ولی نفهمیده باشد. بلند شد و با وقار و تأنی تمام پیراهن و شلوار خود را از تن در آورده لخت در مقابل جمعیت ایستاد و باصدائی قوی و تحکم آمیز گفت:

مردم! مقصود من حاصل شد. من از طرف خدایان مأمور بودم که شماها را امتحان کنم، برای این کار خدایان مال و مکنت فراوان باختیار من گذاشتند، همه را بانواع مختلف بهمان وسایل و طرق که معمول شما بشر است صرف کردم، از طبقات مختلف افراد را دور خود جمع آوردم و اخلاق وافکار آنها را سنجیدم، آنگاه خواستم بدانم اگر دو مرتبه باینحال برگردم شما بامن چه رفتار خواهید کرد. شمارا خوب شناختم بدانید که قهر و غضب خدایان بزودی بشما میرسد! هیچ چیز برای من غیر میسر نیست ولی دیگر چیزی لازم ندارم حتی این جامه‌های خود را بشماها می‌بخشم و در پی اجرای اوامر خدایان میروم.

منظرهٔ برهنگی دیوژن و شنیدن وعدهٔ غضب خدایان با آهنگ مخصوصیکه بیان کرد موی بر بدنها راست کرده از وحشت کسی را قدرت حرکت یا

حرف نبود. دیوژن از دکه پائین آمد همه سرتعظیم فرود آورده کوچه دادند و او برفت.

فکر میکرد انسانها در عین شرارت و شقاوت نهایت ابله و احمقند وهرکس از راهش برآید بر آنها مسلط میشود منتها هرزمان و جائی مقتضیّاتی دارد.

بعد از این بی‌قیدی و بی‌چیزی را شعار خود ساخته بهیچکس و بهیچ چیز اعتنا نمیکرد و برخلاف همهٔ مراسم و آداب رفتار مینمود، خانه اختیار نمیکرد، در خُمره شکسته میخوابید، روز فانوس روشن کرده درکوچه و بازار بدنبال «آدم» میگشت.

بالاخره آنقدر غیر از آنچه همه میکردند رفتار نمود که توجه عموم را بخود کشیده صیت فلسفه و شهرت بزرگیش چندان بلند شد که بزرگان بزیارتش میآمدند و درخانهٔ خود بخدمتش میایستادند. خانمهای زیبا که بآموختن فلسفه عشقی داشتند به همخوابگی‌اش افتخار میکردند تا جائی رسید که اسکندر کبیر گفت اگر من اسکندر نبودم میخواستم دیوژن باشم.

ولی یك درویش حقیقی روزی پنهانی به دیوژن گفت: فقیر، ما خودخواهی را از سوراخهای خرقه ات می‌بینیم.

محمد حجازی: «شرح زندگانی یك فیلسوف بزرگ»

از مجموعهٔ: <u>آئینه</u>

Muḥammad Ḥijāzī, 'Sharḥ-i Zindigānī-yi yak Fīlsūf-i Buzurg' ('The Biography of a Great Philosopher'), from the collection *Ā'īna* (*Mirror*), 3rd edition, vol. 1, pp. 1–6 (Tehran, 1311/1932). See *Modern Persian Prose Literature*, pp. 79–81.

آشیانهٔ محبت

صبح تابستان از شمیران به شهر آمده بودم. در سر چهارراه قوام السلطنه شخصی را از پشت سر دیدم وسیل خیال به خاطرم فروریخت.

برفیقم که صاحب اتومبیل بود گفتم نگهدار که من همینجا پیاده میشوم. گفت مگر تو نمیخواستی اول وقت بدنبال فلانکار بروی و آنهمه اضطراب داشتی که مبادا دیر برسی؟ پس مرا برای چه اینوقت بشهر آوردی؟

گفتم نگهدار که کار واجبتری برایم پیدا شده. تو هم برای آنکه سرگردان نباشی برو بجای من آن کارمرا انجام بده.

پیاده شدم و بعجله راه افتادم که بآن شخص برسم. آنقدرآهسته میرفت که بیزحمت باو رسیدم و مدتی در عقبش بودم که ببینم آیا همان است که می شناسم یا اشتباه کرده‌ام.

بیست سال پیش هرهفته دوشنبه بمنزل یك خانم آمریکائی که بمن انگلیسی درس میداد میرفتم. خانم آنشب را از دوستان پذیرائی میکرد و چون زبان تکلم انگلیسی بود من از حضور در آن مجلس غافل نمیشدم. در آن جلسات اغلب خانم مسنی میآمد که مورد توجه و احترام همه بود. بسیار روان و شیرین حرف میزد و از هر رشته معلومات کافی داشت هر موضوعیرا با قصهٔ دلکشی میآمیخت و چنان گرم و خوب صحبت میکرد که همه مفتون میشدند.

یکبارکه پیش خانم آمریکائی بدرس رفته بودم گفتم اگر مانعی نباشد امروز شرح حالِ این خانم سخندان را برای من بگوئید و بجای درس حساب کنید.

گفت: «این خانم تحصیلات عمیق دارد، اما آنچه از سخندانی و دانش او بیشتر سزاوار اهمیت و تعجب است قدرت روح اوست. همه وقت بهمین

آرامش و وقار است و در هر حال میخندد و خوشروئی میکند در صورتیکه اگر از
بدبختیهای بیحساب این زن یکی بسر من آمده بود خودم را باخته بودم.
بیچاره هرچه داشته ، از مکنت و شوهر و خانواده ، همه از دستش رفته حالا
چندی است که از فلاخن قسمت باین شهر افتاده و در یك اتاق نیمه مفروش
زندگی میکند و گاهی غذا ندارد. اما اگرکسی از روز سیاه این زن بیخبر
باشد ، از صورت بشاش و کمرراست و سرپرتکبرش ، خیال میکند که با یکی
از مردمان بیغم و خوشبخت دنیا روبرو شده».

بیست سال پیش ، آن زن یك جفت زنگار نخودی رنگ می بست و یك کلاه
حصیری بزرگی بسر میگذاشت. آن شخصی راکه در سر چهار راه قوام
السلطنه دیدم و بدنبالش رفتم همان زن بود. بیك نظر اورا از آن طرز راه
رفتن و خود را گرفتن و از همان زنگارهای نخودی رنگ و کلاه حصیری
شناختم ، لکن با خود گفتم اشتباه میکنی ، ممکن نیست زنگار نخودی و کلاه
حصیری بیست سال دوام کند. محال است زنی بآن سن و با آنهمه بدبختی
بیست سال دیگر هم با روزگار جدال کرده باشد و باز اینطور فاتحانه راست
برود و گردن بگیرد.

چندی پشت سرش رفتم و دیدم زنگارها چنان سائیده و پاره شده که
حکایت از بیست سال عمر میکند و از کلاه حصیری بجز یك مشت حصیر
پوسیده چیزی نمانده ، لکن باز مطمئن نشدم که او باشد. نزدیك رفتم و از
گوشهٔ چشم وارسی کردم همان خانم بود. سلام دادم و جواب سرد پرافادهای
شنیدم. گفتم من همانم که بیست سال پیش در منزل دکتر کلاك با
شما آشنا شدم. با چشمهائیکه از غبار ایام پوشیده بود بمن نگاه کرد و گفت
یادم آمد ، شمار امیشناسم ، احوال شما چطور است؟
گفتم راست بگویم تا الان خودم را خیلی گرفتار میدانستم و خیال میکردم

که باید غصه بخورم و رنج ببرم و چاره‌ای ندارم، اما حالا که شمارا میبینم، پس از اینهمه ستیزه با روزگار، اینطور فاتح و فیروزید و مثل خدنگ راه میروید، مشکلاتم همه آسان شد. از دیدن شما راه فکرم تغییر کرد، شکل و رنگ دنیارا طور دیگر می‌بینم، مثل این است که این سنگها و آجرها و هرچه سختی در عالم هست، همه نرم و مهربان شده باشد. سر و گردن فرتوت خود را بزحمت یك ناخن بالا کشید و تبسمی پیرانه کرد و گفت از وقتی دکتر کلاك مرحوم شده من بخانهٔ کسی نمیروم، اگر میخواهید مرا ببینید بخانهٔ خودم بیائید.

نشانی خانه را گرفتم و از هم جدا شدیم. شاید ماهی طول کشید تاروزی اتفاقاً از آن کوچه میگذشتم. رفتم و آن خانه را در زدم و سراغ آن خانم را گرفتم، میخواستم ببینم آن پیرزن پرطاقت باچه وسائلی زندگی میکند. صاحب خانه که زن ارمنی بود در را گشود و خیال کرد من طبیبم. گفت آقای دکتر خوش آمدید، ما عقب شما فرستادیم اما پولتان را باید از خود کرایه‌نشین بگیرید. باتاق تنگ و محقر وارد شدم، گلیم کوچك پاره ای در میان افتاده و باقی خاك بود. خانم را دیدم که زیر پتوی مندرس وسوراخی، روی تخت شکسته ای، خوابیده. گفت بیائید و نزدیك من بنشینید.

روی چهارپایهٔ کوتاهی نزدیك تختخواب نشستم. دستش را در دست من گذاشت و مدتی بصورتم نگاه میکرد. پرسیدم حال شما چطوراست؟ گفت «تا الان با زندگی جنگ میکردم و خیال مردن نداشتم، اما حالا که شما آمدید دست از جنگ برداشتم و راحت شدم. حالا دیگر حاضرم بمیرم چون می‌بینم در این دنیای بزرگ یکی هم هست که بوجود من توجهی داشته‌باشد. شما که خانواده و دوستان دارید نمیدانید بیکسی چه دردیست. من بیست و پنجسال غریب و تنها با روزگار ستیزه کردم، هرگز

ننالیدم و اشك نریختم چون میدیدم گوشی نیست که نالهٔ مرا بشنود ، دستی نیست که اشکم را خشك کند. شما نمیدانید اشك نریختن و نالیدن چه محنتی است ، هزار بار از مردن مشکل‌تر است. مردم که گردنِ کشیده وصورت خندان مرا میدیدند خیال میکردند خوشبختم ولی من دورغی خودنمائی میکردم و رنج میکشیدم، دلم نمیخواست منکه غمخواری نداشتم کسی بدیدهٔ حقارت بمن نگاه کند. بعد از بیست و پنجسال عذاب تنهائی و غربت کشیدن ، در این یك لحظه که شما دست مرا در دست خودتان گرفته‌اید ، زندگی میکنم. این اولین بار است که بعد از این مدت اشکم میریزد ، چون تا بحال هیچکس بجز شما متوجه حقیقت حال من نشده بود. بگذارید پیش از مردن یکبار هم در دامان دوست گریه کرده باشم. بَه که چه راحت میمیرم ، چون میدانم که دل شما بحال من میسوزد».

از آن خانه بیرون آمدم و زیر بار غم خمیده بودم. چشمم به آشنائی افتاد ، بشتاب پیش رفتم و تعارف فراوان کردم و گرم گرفتم ، درچشمش میدیدم که از این گرمی بی‌سابقه تعجب کرده، دلم میخواست دستش را بگیرم و بگویم مگرنه تو مرا میشناسی و اگر صدمه ای بمن بخورد افسوس میخوری؟ آیا میدانی این آشنائی برای من چه قیمتی دارد؟ اما چرا تا بحال من قدر این آشنائی را نمیدانستم ، چرا باتو دوستی نمیکردم ! ازامروز من باتو دوستم !

همینکه بخانه رسیدم همه را دور خود جمع کردم و دلشان را از سرگذشت آن پیرزنِ سیاه‌روز بدرد آوردم. گفتم بیائید ما که خانواده و دوست وغمخوار داریم قدر این نعمتهای بهشتی را بدانیم و بعد از این باهمه بمحبت وگرمی رفتار کنیم ، در راه دوستی از کبر و ناز و خودخواهی بگذریم و کمِ خودمان بگذاریم ، هوسهای بچگانه را فدای یاران کنیم که از بی‌یاری وبی غمخواری در دنیا رنجی سخت‌تر نیست. بخدا وطن را که آشیانهٔ محبت

ودوستی ماست بپرستیم که در هیچ نقطهٔ عالم بقیمت هیچ پولی دوستان
وغمخواران بوم و دیار خود را پیدا نمیکنیم.

از آنروز زندگی در خانهٔ ما عیش است و نوش.

محمد حجازی : «آشیانهٔ محبت»

از مجموعهٔ : اندیشه

Muḥammad Ḥijāzī, 'Āshīyāna-yi Muḥabat' ('Love's Nest') from the collection *Andīsha* (*Reflection*), 17th edition, pp. 188–92 (Tehran, 1343/1964). See *Modern Persian Prose Literature*, pp. 79–81.

II

محمدعلی جمال‌زاده

Muḥammad 'Alī Jamālzāda's importance among contemporary writers of Iran is mainly due to his timely call for a regeneration of prose. He is one of the innovators of the modern literary language, and was the first to introduce the techniques of European short-story writing.

Born in Isfahan at the close of the last century, he has lived most of his life in Europe, particularly in Geneva where he worked, until his recent retirement, on the staff of the International Labour Office for nearly twenty-five years.

Jamālzāda's career as a creative writer began with the publication of the celebrated collection *Yakī Būd Yakī Na-būd*, which has been praised for its conciseness, novelty of form, originality of ideas and a biting sense of humour. His more recent works show a tendency toward prolixity, aphorism, and mystical and philosophical speculations.

Although the golden touch displayed in Jamālzāda's first book has never reappeared, his importance as the elder champion of modern Persian writers is considerable.

منتخباتی از 'بیله دیگ بیله چغندر'

... آقای مستشار چون فقط کوره سوادی داشته و همه جای دنیا را
مثل فرنگستان می پنداشته وقتیکه بایران رسیده معلوم میشود خیلی از این
عالم تازه بنظرش غریب آمده و با کمال سادگی و حیرت و تعجب نتیجهٔ
مشاهدات خود را نوشته است. این جزوه که قریب صد صفحه میشود دارای

69

فصول متعدده است و ذیلاً محض نمونه فصلی از آن کتاب را در اینجا نقل مینمایم :

فصل سوم

ملت و دولت ایران

ایرانی‌ها عموماً متوسط‌القامه و گندم‌گون هستند. زیاد حرف میزنند وکم کار میکنند. خیلی خوشمزه و خنده دوست هستند ولی گریه بسیار میکنند. زبانی دارند که مار را از سوراخ بیرون میکشد. بچه‌ها کچل هستند ومردها سر را میتراشند و ریش را ول میکنند ولی یک چیز غریبی که در این مملکت است این است که گویا اصلا زن در آنجا وجود ندارد. تو کوچه‌ها دخترهای کوچک چهارپنج ساله دیده میشود ولی زن هیچ در میان نیست. دراین‌خصوص هرچه فکر میکنم عقلم بجائی نمیرسد. من شنیده بودم که در دنیا «شهر زنان» وجود دارد که در آن هیچ مرد نیست ولی «شهر مردان» بعمرم نشنیده بودم. در فرنگستان میگویند ایرانیها هرکدام یک حرمخانه دارند که پراز زن است، الحق که هموطنان من خیلی از دنیا بی‌خبر هستند ! در ایرانیکه اصلاً زن پیدا نمیشود چطور هرنفر میتواند یک خانه پراز زن داشته باشد؟ امان از جهل ! یک روز دیدم تو بازار مردم دور یک کسی راکه موی بلند دارد و صورت بی‌مو، و لباس سفید بلند و کمربند ابریشم داشت گرفته‌اند، گفتم یقین یک نفر زن است و باکمال خوشحالی دویدم که اقلا یک زن ایرانی دیده باشم ولی خیر معلوم شد یارو درویشی است. درویش یعنی آوازخوان، چون در ایران «اوپرا»[1] و «تیاتر»[2] ندارند، آوازخوانها توی کوچه‌ها آواز میخوانند و بجای بلیطی[3] که در فرنگستان برای داخل شدن در تیاتر لازم است، در ایران

[1] opera. [2] theatre. [3] billet.

70

آواز خوان یك پَر سبزی بمردم میدهد. قیمت اوپرا هم خیلی ارزان است و اصلا مجبوری هم نیست دادی دادی ندادی ندادی.

یك روز از یکی از ایرانیانی که خیلی با من رفیق بود و دارای چندین اولاد بود پرسیدم پس زن تو کجاست؟ فوراً دیدم سرخ شد و چشمهایش دیوانه وار از حدقه بیرون آمد و حالش بکلی دیگرگون شد، فهمیدم خطای بزرگی کرده‌ام، عذر خواستم و از آنروز ببعد فهمیدم که در این مملکت نه فقط زن وجود ندارد بلکه اسم زن را هم نمیتوان بزبان آورد.

چیز دیگری که در ایران خیلی غریب است این است که یکقسمت عمدهٔ مردم که تقریباً نصف اهل مملکت می شود خودشان را سرتاپا توی کیسهٔ سیاهی می‌بندند و حتی برای نفس‌کشیدن هم روزنه‌ای نمیگذارند وهمینطور در همان کیسهٔ سیاه تو کوچه رفت و آمد میکنند. این اشخاص هیچوقت نباید صدایشان را کسی بشنود و هیچ حق ندارند در قهوه خانه‌ای یا جائی داخل شوند. حمامشان هم حمام مخصوصی است و در مجلسهای عمومی هم از قبیل مجلس روضه و عزا جای مخصوص دارند. این اشخاص تا وقتی تك تك هستند هیچ صدا و ندائی از آنها بلند نمی شود ولی همینکه باهم جمع می شوند غلغلهٔ غریبی راه میافتد. بنظرم اینها هم یك جور کشیش ایرانی‌هستند، مثل کشیش‌های غریب و عجیبی که در فرنگستان خودمان هم هست. اگر کشیش هم باشند مردم چندان احترامی به آنها نمی‌کنند و حتی اسم آن ها را هم «ضعیفه» گذاشته‌اند که بمعنی ناتوان و ناچیز است.

حالا چند کلمه از مردها حرف بزنیم. مردهای ایران بکلاهشان شناخته می شوند وسه دستهٔ عمده هستند که هر دسته حالات و کیفیّات مخصوصی دارد از اینقرار:

زرد کلاه‌ها، سفید کلاه‌ها، سیاه کلاه‌ها.

دستهٔ اول که آنها را عموماً «مشهدی» و «کربلائی» مینامند و اغلب رعیت و نوکرباب هستند نمیدانم بچه سبب نذر کرده‌اند که درتمام مدت عمرشان هرچه میتوانند بیشتر کار بکنند و نتیجهٔ کار و زحمت خود را بالتمام بآن دو دستهٔ دیگر مردم یعنی سفید کلاه‌ها و سیاه کلاه‌ها تقدیم کنند و در این مسئله چنان مصّرند که چه بسا خود و کسانشان از گرسنگی و سرما میمیرند و بیکفن بخاك میروند، درصورتیکه سیاه کلاه‌ها و سفید کلاه‌ها از حاصل دست‌رنج آنها اینقدر دارا می‌شوندکه‌نمیدانند چطورپولشان‌را بمصرف برسانند. . . .

تمام فکر وخیال سفید کلاه‌ها و سیاه کلاه‌ها این است که از این زرد کلاه‌ها بیشتر در تملك خود داشته‌باشند و مدام در کار خرید و فروش آنها هستند و قیمت آنها بقدری ارزان است که در تمام مدت اقامتم در ایران هیچوقت ندیدم آنهارا تك‌تك بخرند یا بفروشند بلکه همانطوریکه در فرنگستان ما زنبورعسل‌را باکندویش در یکجا معامله میکنیم در ایران هم زرد کلاه‌ها را باخانه و لانه و ده و قصبه یکباره بطور چکی خرید و فروش میکنند و مثلا میگویند امروز فلان کس فلان ده راکه صد خانوار زرد کلاه داشت بفلان مبلغ قباله کرد !

این طایفهٔ کلاه‌زردها کاملاً از نعمت آزادی و برادری و برابری که در فرنگستان حرفش همه‌جا در میان است و خودش هیچ‌جا نیست متمتع هستند. مثلا آزادی آنها بحدّی است که میتوانند دار و ندار و عِرض وناموس و حتی جان خود و کسان خود را فدای سیّاه کلاه‌ها و سفید کلاه‌ها بکنند و احدی مانعشان نیست. و همچنین است در خصوص برابری که راستی اگرمیان هزارتای آنها بگردی یکی پیدانمیشود که چیزی داشته باشد که دیگری نداشته باشد و درتهیدستی و نداری از نعمت برابری کامل برخوردار

هستند و حتی وقتی میمیرند، برای‌آنکه همه باهم برابر باشند، هیچ سنگ و آجر و نشانه‌ای روی قبر خود نمیگذارند و طولی نمیکشد که باد وباران اثر قبر آنها را هم محو نموده و همه با خاك هم مساوی میشوند. اما در باب برادری، طبقهٔ مذکور برادری را بجائی رسانده که همدیگررا «داش» صدا میکنند که بمعنی برادر است.

حالا برسیم بر سر سفیدکلاه‌ها که به «شیخ» و «آخوند» معروف هستند. اینها در میان مردم احترام مخصوصی دارند و چون بکلاهشان شناخته می‌شوند هرچه پارچه گیرمی‌آورند می‌پیچند دور سرشان و حالت مناری را پیدامیکنند که برسر آن لانهٔ لکلکی باشد. یك روز محرمانه از یك نفر ایرانی پرسیدم اینها چرا اینطور کلهٔ خود را میپوشانند؟ گفت ندیده‌ای وقتیکه انگشتی معیوب میشود سرآنرا کهنه می‌پیچند، شاید اینها هم مغزشان عیب دارد و میخواهند نگذارند از خارج هوای آزاد بان برسد!...

در تمام مدت اقامتم در ایران خیلی دلم میخواست بفهمم شغل و کار این طایفهٔ سفیدکلاه‌ها چیست ولی عاقبت معلوم نشد. اما هرچه هست باید شغل محرمانه‌ای باشد که دور از انظار مردم بعمل می‌آید و گمان می‌کنم صنعتی است دستی چه مردم عموماً دست آنهارا می‌بوسند.

روزی یکی از آشناهای ایرانی گفتم: من میدانم که این کلاه‌سفیدها یك صنعت یدی دارند ولی نمیدانم چه صنعتی است. گفت: بله صنعت بزرگی است که مملکت ایران از سایهٔ آن زندگانی میکند و باقیست و الا اگر این صنعت نبود چرخ امور میخوابید و شیرازهٔ کارها از هم می‌گسیخت. پرسیدم: اسم این صنعت عالی چیست؟ گفت «رشوه». خجالت کشیدم بگویم معنی این کلمه را نمیدانم و زیرسبیل درکردم و هنوز هم معنی آن دستگیرم نشده و اصلاً ممکن هم هست که یارو مارا دست‌انداخته

باشد. . . . بهرحیث صنعت مزبور هرچه باشد انگشت شست و سبابه در آن باید مدخلیت تام داشته باشد، چه مدام سعی دارند که این دو انگشت را ورزش و مشق بدهند و بدین قصد ریگهای گردی را سوراخ کرده و ریسمان دوانده، روز و شب در میان این دو انگشت میگردانند که انگشتها قوت بگیرد.

حالا برسیم بطایفه سوم یعنی کلاه‌سیاه‌ها که در خود ایران بآنها «خان» میگویند. همهٔ ادارات دولتی چه در مرکز و چه در ولایات وایالات در دست این طایفه است. اینها یك انجمن بزرگی دارند که مثل فراموش‌خانه میباشد و مخصوص خود این طایفه است. هرکس داخل این انجمن شد دیگر نانش توی روغن است. اسم این انجمن «دیوان» است. این کلمه از لفظ دیو میآید که در افسانه‌های ایرانی مشهور است و معروف است که میگویند کار دیو کج است یعنی مثلاً اگر بدیو خوبی بکنی لقمهٔ اولش میشوی، اگر با او راست بگوئی دشمنت میشود، دروغ بگوئی دوستت می‌گردد. این سیاه کلاه‌ها هم چون همینطورند و کارشان کج است بهمین مناسبت اسم انجمن خود را «دیوان» گذاشته‌اند. . . .

این طایفه سیاه کلاه‌ها بموجب یکی از مواد نظامنامهٔ انجمنشان مجبورند قدمی برندارند مگر در راه نفع و سخنی نرانند مگر در راه فائده شخصی خودشان. در فرنگستان شنیده بودم که فلسفهٔ نفع‌پرستی را یك فیلسوف انگلیسی کشف‌کرده ولی باید دانست قبل از آنکه جد فیلسوف انگلیسی هم بدنیا قدم گذارده باشد این فلسفه در ایران باوج ترقی رسیده و این هم باز دلیلی است که تمام نور و تمدن فرنگستان از مشرق زمین آمده است.

تمام سعی این سیاه کلاه‌ها در این است که در تمام صفحهٔ ایران سکون وآرامی برقرارباشد و چون میدانند که تمام مخالفتها و بدبختیها از پول

برمیخیزد تمام جد و جهد خود را مصرف میدارند که پول در دست کسی نماند و هرکجاپولی سراغ میکنند ضبط میکنند و برای اجرای این مقصود مدام مأمورین باطراف و اکناف مملکت فرستاده و بهر وسیله هست نمیگذارند در پیش کسی پولی جمع شود و از پرتو این تدبیر عاقلانه از هزارگونه پیش آمدهای زیان انگیز جلوگیری مینمایند. . . .

یکدسته از این سیاه‌کلاه‌ها را که ریششان را میتراشند و سبیلشان را میتابند و کلاهشان را چند انگشت کوتاه نموده و یك وَر میگذارند فکلی[۱] مینامند. این دسته طرفدار بعضی تغییرات و «رفورم»[۲] در نظامنامهٔ انجمن «دیوان» هستند و مثلا میگویند تا بحال در مورد سفیدکلاه‌ها یعنی آخوندها اغلب اجرای تام و تمام مواد نظامنامه مراعات نشده و گاهی در ضبط دارائی آنها کوتاهی و غفلت شده و مِن‌بعد باید کاملاً بمساوات رفتار نموده وبین زردکلاه‌ها و سفیدکلاه‌ها تفاوتی نگذاشت و بعقیدهٔ من هم این فکلی‌ها حق دارند و در اینجا سپاسگذار تمدن فرنگستان خودمان هستم که از اثر آن این سیاه‌کلاه‌های جوان که خود را فرنگی‌مآب نامیده و عالِم بعلوم فرنگی قلم میدهند حس مساوات را دریافته و میخواهند این تخم بارآور را در مملکت خود نیز بپاشند !

نکتهٔ نفیس این است که این زبان «اسپرانتو»[۳] که می گویند مرکب از کلمات زبانهای مختلفه است و باید زبان بین‌المللی بشود و برای ترویج وانتشار آن در پیش ما آنهمه زحمت میکشند در ایران رایج است و تمام دستهٔ فکلی‌ها جزآن زبانی حرف نمیزنند و فهمیدن زبان آنها که مرکب از کلمات السنهٔ مختلفهٔ اروپائی و گاهی هم چند کلمهٔ فارسی و عربی و ترکی است برای ماها هیچ اشکالی ندارد.

[۱] faux-col. [۲] reform. [۳] Esperanto.

11. MUḤAMMAD ʿALĪ JAMĀLZĀDA

این بود خلاصهٔ نظریات و مشاهدات من دربارهٔ زنهای ایران و مردان
ایران ، دربارهٔ ملت ایران و دولت ایران !

محمدعلی جمال‌زاده : « بیله دیگ بیله چغندر»

از مجموعهٔ : یکی بود یکی نبود

Muḥammad ʿAlī Jamālzāda, 'Bīla Dīg Bīla Chughundar' ('Everyman to
his Deserts') from the collection *Yakī Būd Yakī Na-būd* (*Once Upon a
Time*), 4th edition, pp. 92–101 (with omissions), 1st edition (Berlin, 1301/
1921). See *Modern Persian Prose Literature*, pp. 93–6, 104–6.

12

صادق هدایت

Ṣādiq Hidāyat, the leading writer of modern Iran, was born in Tehran in 1903 and died by his own hand in Paris in 1951. He was a modest, solitary and retiring person who suffered from acute depression and a sense of *Weltschmerz*. Despite his birth, in an old, aristocratic family, his sympathies were with the humble and downtrodden. He despised the privileged.

The three selections presented here can hardly represent the many works he published on a variety of subjects, but each is typical of at least one of his important themes. The first is an example of many stories he wrote on the life and characteristics of his countrymen. In these stories he penetrates deep into the lives of common people, reaches the dark corners of their souls and with an amazing insight reveals their petty aspirations, anxieties and sorrows. The second selection is a nursery tale reflecting Hidāyat's keen interest in the folklore and traditions of his nation. The unadorned beauty and ease of style and the simplicity of the story hold a special fascination for Iranian readers. The third is a passage from his famous introduction to the Persian translation of Kafka's *The Penal Colony*, which represents the numerous scholarly works he produced. This treatise, mature both in thought and style, was the last published work of the author, and also serves as a description of his own pessimism and philosophy of despair.

Hidāyat at the height of his creative powers could no longer sustain life, a life of pain and loneliness becoming all the more agonizing for its being so largely incommunicable. For him life could not be borne; he had to shed it. But the final giving up must not blind us to his importance as Iran's foremost modern prose writer.

حاجی مراد

حاجی‌مراد به چابکی از سکوی دکان پائین جست، کمرچین قبای بُخور خود را تکان داد، کمربند نقره‌اش را سفت کرد، دستی به ریش حنابسته خود کشید، حسن شاگردش را صدازد باهم دکان را تخته کردند. بعد از جیب فراخ خود چهار قران درآورد داد به حسن که اظهار تشکر کرد وباگامهای بلند سوت‌زنان مابین مردمی که در آمد و شد بودند ناپدید گردید. حاجی عَبای زردی که زیر بغلش زده بود انداخت روی دوشش به اطراف نگاهی کرد و سَلانه سَلانه براه افتاد. هرقدمی که برمیداشت کفش‌های نو او غژ و غژ صدا میکرد، در میان راه بیشتر دکاندارها به او سلام و تعارف میکردند و میگفتند: حاجی سلام. حاجی احوالت چطور است؟ حاجی خدمت نمیرسیم! از این حرفها گوش حاجی پرشده بود، و یك اهمیت مخصوصی به لغت حاجی میگذاشت، بخودش میبالید و با لبخند بزرگ منشی جواب سلام میگرفت.

این لغت برای او حکم یك لقب را داشت درصورتیکه خودش میدانست که به مکه نرفته بود، تنها وقتیکه بچه بود و پدرش مرد، مادر او مطابق وصیت پدرش خانه و همه دارائی آنهارا فروخت، پول طلا کرد، و بُنه کن رفتند به کربلا. بعد از یکی دو سال پولها خرج شد و به گدائی افتادند، تنها حاجی به هزار زحمت خودش را رسانیده بود به عمویش در همدان. اتفاقاً عموی او مرد و چون وارث دیگری نداشت همه دارائی او رسیده بود به حاجی و چون عمویش در بازار معروف به حاجی بود این لقب هم با دکان به او ارث رسیده بود. او در این شهر هیچ خویش وقومی نداشت، دو سه بار هم جویای حال مادر و خواهرش که در کربلا

به گدائی افتاده بودند شده بود، اما ازآنها هیچ خبر و اثری پیدا نکرده بود.

دو سال میگذشت که حاجی زن گرفته بود ولی از طرف زن خوشبخت نبود. چندی بود که میان او و زنش پیوسته جنگ و جدال میشد، حاجی همه چیز را میتوانست تحمل بکند مگر زخم‌زبان و نیشهائی که زنش باومی‌زد، و او هم برای اینکه از زنش چشم زَهره بگیرد عادت کرده بود اورا اغلب میزد. گاهی هم از اینکار خودش پشیمان میشد، ولی در هر صورت زود روی یکدیگر را می‌بوسیدند و آشتی میکردند. چیزیکه بیشتر حاجی را بدخلق کرده بود این بود که هنوز بچه پیدا نکرده بود. چندین بارهم دوستانش باو نصیحت کرده بودند که یك زن دیگر بگیرد اما حاجی گول‌خور نبود و میدانست که گرفتن زن دیگر بر بدبختی او خواهد افزود، از این رو نصیحت‌ها را از یك گوش میشنید و از گوش دیگر بدر میکرد. و انگهی زنش هنوز جوان وخوشگل بود و بعد از چند سال باهم اُنس گرفته بودند و خوب یا بد، زندگانی را یك جوری بسر میبردند، خود حاجی هم که هنوز جوان بود اگر خدا میخواست به آنها بچه میداد. از این جهت حاجی مایل نبود که زنش را طلاق بدهد ولی این عادت هم از سر او نمیافتاد: زنش را میزد، و زن او هم بدتر لجبازی میکرد. بخصوص از دیشب میانهٔ آنها سخت شکرآب شده بود.

حاجی همینطور که تخمهٔ هندوانه میانداخت در دهنش و پوست دو لپه کرده آنرا جلو خودش پُف میکرد، از دهنه بازار بیرون آمد. هوای تازه بهاری را تنفس کرد، بیادش افتاد حالا باید برود بخانه، باز اول کشمکش، یکی او بگوید دو تا زنش جواب بدهد و آخرش کار بکتکاری منجر بشود. بعد شام بخورند و بهم چشم غُره بروند، بعد از آنهم بخوابند. شب جمعه هم بود، میدانست که امشب زنش سبزی پلو درست کرده، این فکرها از خاطر او

میگذشت به اینسو آنسو نگاه میکرد ، حرفهای زنش را بیاد آورد : «برو ، برو حاجی دروغی ! تو جاجی هستی؟ پس چرا خواهر و مادرت در کربلا از گدائی هرزه شدند؟ من را بگو که وقتی مشهدی حسین صرّاف از من خواستگاری کرد زنش نشدم و آمدم زن تو بی‌قابلیت شدم ! حاجی دروغی !» چند بار لب خودش را گزید و بنظرش آمد اگر در اینموقع زنش را میدید میخواست شکم اورا پاره بکند.

در اینوقت رسیده بود بخیابان بین‌النهرین ، نگاهی کرد به درختهای بید که سبز و خرم در کنار رودخانه درآمده بودند. بفکرش آمد خوبست فردا را که جمعه است از صبح با چند نفر از دوستان خودمانی با ساز و دم دستگاه برود بدرهٔ مرادبك ، و تمام روز را در آنجا بگذراند. اقلاً در خانه نمیماند که هم باو و هم بزنش بدبگذرد ، رسید نزدیك کوچه‌ای که میرفت بطرف خانه‌شان. یکمرتبه بنظرش آمد که زنش ازپهلوی او گذشت ، رد شد و باو هیچ اعتنائی نکرد. آری این زن او بود ، نه اینکه حاجی مانند اغلب مردها زن را از پشت چادر میشناخت ولی زنش یك نشان مخصوصی داشت که در میان هزارتا زن حاجی به آسانی زن خودش را پیدا میکرد ، این زن او بود ، از حاشیه سفید چادرش شناخت ، جائ تردید نبود. اما چطور شده بود که باز بدون اجازه حاجی اینوقت روز از خانه بیرون آمده بود؟ درِ دکان هم نیامده بود که کاری داشته باشد ، آیا بکجا رفته بود؟ حاجی تند کرد ، دید بلی زن اوست ، حالا به طرفِ خانه هم نمی‌رود. ناگهان از جا دررفت ، نمی‌توانست جلو خودش را بگیرد ، می‌خواست اورا گرفته خفه بکند ، بی اختیار داد زد :

— شهر بانو !

آن زن رویش را برگردانید و مثل چیزیکه ترسیده باشد تندتر کرد. حاجی را میگوئی سر از پا نمیشناخت ، آتش گرفته بود ، حالا زنش بدون

اجازه او از خانه بیرون آمده هیچ ، آنوقت صدایش هم که میزند باو محل نمیگذارد ! به‌رگ غیرتش برخورد دو باره فریاد زد :

— آهای ، بتو هستم ! این وقت روز کجا بودی؟ بایست تا بِهِت بگویم !

آن زن ایستاد و بلند میگفت :

— مگر فضولی؟ بتوچه؟ مرد که جلنبری حرف دهنت را بفهم ! بازن مردم چه کار داری؟ الان حقت را بدستت میدهم. آهای مردم بدادم برسید به‌بینید این مرد که مست کرده از جان من چه میخواهد؟ بخیالت شهر بی قانون است؟ الان تورا میدهم بدست آژان[1] . . . آقای آژان . . .

دِرِخانه‌ها تك تك باز میشد ، مردم هم از اطراف بدور آن‌ها گرد آمدند وپیوسته بگروه آنها افزوده میشد. حاجی رنگ و رویش سرخ شده ، رگهای پیشانی و گردنش بلند شده بود. حالا در بازار سرشناس است مردم هم دو پشته ایستاده‌اند و آن زن رویش را سخت گرفته و فریاد می زند :

— آقای آژان . . .

حاجی جلو چشمش تیره وتار شد ، پس رفت ، پیش آمد و از روی چادر یك سیلی محکم زد به آن زن و میگفت :

— بیخود . . . بیخود صدای خودت را عوض نکن ، من از همان اول تورا شناختم ، فردا . . . همین فردا طلاقت میدهم. حالا برای من پایت به کوچه باز شده؟ میخواهی آبروی چندین و چند ساله مرا بباد بدهی؟ زنیکه بی شرم ، حالا نگذار روبروی مردم بگویم. مردم شاهد باشید این زنیکه را فردا طلاق میدهم — چند وقت بود که شك داشتم ، هی خودداری میکردم ، دندان روی جگر میگذاشتم ، اما حالا دیگر کارد باستخوان رسیده. آهای مردم شاهد باشید زن من نانجیب شده فردا . . . آهای مردم فردا . . .

[1] agent.

آن زن رو بمردم کرده :

– یغیرتها ! شماها هیچ نمیگوئید؟ میگذارید این مرتیکه بی سر و بی‌پا میان کوچه به عُورَتِ مردم دست اندازی بکند؟ اگر مشدی حسین صرّاف اینجا بود، بِهتان میفهماند. یکروز هم از عمرم باقی باشد، تلافی بکشم که روی نان بکنی سگ نخورد ! یکی نیست از این مرتیکه بپرسد ابولی خرت بچند است؟ کی هست که خودش را داخل آدمیزاد میکند ! برو . . . برو. . . آدم خودت را بشناس. حالا پدری ازت دربیارم که حظ بکنی ! آقای آژان. . .

دوسه نفر میانجی پیداشدند حاجی را بکنار کشیدند. در این بین سر وکله آژانی نمایان شد، مردم پس‌رفتند، حاجی آقا و زن چادر حاشیه سفید با دوسه نفر شاهد و میانجی بطرف نظمیه روانه شدند. درمیان راه هرکدام حرفهای خودشان را برای آژان تکرار کردند، مردم هم ریسه شده به دنبال آنها افتاده بودند تا به ببینند آخرش کار بکجا میانجامد. حاجی خیس عرق، همدوش آژان از جلو مردم میگذشت و حالا مشکوك هم شده بود. درست نگاه کرد دید کفش سَگَك‌دار آن زن و جورابهایش با مال زن او فرق داشت، نشانیهائی هم که آن زن به آژان میداد همه درست بود، او زن مشهدی حسین صرّاف بود که میشناخت. پی برد که اشتباه کرده است. اما دیر فهمیده بود. حالا نمیدانست چه خواهد شد؟ تا اینکه رسیدند به نظمیه، مردم بیرون ماندند حاجی و آن زن را آژان در اطاق وارد کرد که دو نفر صاحب منصب آژان پشت میز نشسته بودند. آژان دست را به پیشانی گذاشته شرح گزارش را حکایت کرد و بعد خودش را بکنار کشید رفت در پائین اطاق ایستاد. رئیس رو کرد به حاجی :

– اسم شما چیست؟

– آقا ما خانه زادیم، کوچکیم، اسم بنده حاجی‌مراد. همه بازار مرا میشناسند.

– چه کاره هستید؟

– رزّاز، در بازار دکان دارم. هر فرمایشی که داشته باشید اطاعت میکنم.

– آیا راست است که شما نسبت باین خانم بی‌احترامی کرده‌اید وایشان را در کوچه زده‌اید؟

– چه عرض بکنم؟ بنده گمان میکردم زن خودم است.

– بکدام دلیل؟

– حاشیه چادرش سفید است.

– خیلی غریب است! مگر صدای زن خودتان را نمیشناسید؟

حاجی آهی کشید: – آخر شما که نمیدانید زن من چه آفتی است! زنم نوائ همه جانوران را در میآورد، وقتیکه از حمّام میآید به صدای همهٔ زنها حرف میزند. ادای همه را در میآورد، من گمان کردم میخواهد مرا گول بزند صدای خودش را عوض کرده.

آن زن: – چه فضولیها! آقای آژان شما که شاهد هستید توی کوچه، رو.بروی صد کُرور نُفوس بمن چَك زد. حالا یکمرتبه موش مرده شد! چه فضولیها! بخیالش شهر هِرت است! اگر مشهدی حسین بداند حقت را میگذارد کف دستت، با زن او؟ آقای رئیس!

رئیس: – خوب خانم با شما دیگر کاری نداریم بفرمائید بیرون تا حساب حاجی‌آقا را برسیم.

حاجی. – والّله غلط کردم، من نمیدانستم. اشتباهی گرفتم، آخر من رو.بروی مردم آبرو دارم.

رئیس چیزی نوشته داد بدست آژان، حاجی را بردند جلو میز دیگر اسکناسها را با دست لرزان شمرد، به عنوان جریمه روی میز گذاشت بعد بهمراهی آژان اورا بردند جلو در نظمیه. مردم ردیف ایستاده بودند و درِ گوشی باهم پِچ پِچ میکردند. عبای زرد حاجی را از روی کولش برداشتند ویکنفر تازیانه بدست آمد کنار او ایستاد. حاجی از زور خجالت سرش را پائین‌انداخت، و پنجاه تازیانه جلو مردم به او زدند، ولی اوخم به ابرویش نیامد، وقتیکه تمام شد دستمال ابریشمی بزرگی از جیب در آورد عرق روی پیشانی خودش را پاك كرد، عبای زرد را برداشته روی دوش انداخت، گوشهٔ آن بزمین کشیده میشد. سربزیر روانهٔ خانه شد و کوشش میکرد پایش را آهسته‌تر روی زمین بگذارد تا صدای غِژغِژ کفش خودش را خفه بکند.

دو روز بعد حاجی زنش را طلاق داد!

پاریس ٤ تیرماه ۱۳۰۹

صادق هدایت: «حاجی‌مراد»

از مجموعهٔ: زنده بگور

Ṣādiq Hidāyat, 'Ḥājjī Murād', from the collection *Zinda Bi-gūr* (*Buried Alive*), pp. 30–7 (Tehran, 1309/1930). See *Modern Persian Prose Literature*, pp. 144, 151, 159.

سنگ صبور

یکی بود یکی نبود غیر از خدا هیچکس نبود ،[19] هرچه رفتیم راه بود ، هرچه کندیم چاه بود ، کلیدش دست سید جبّار بود .

یك مردی بود یك زن داشت با یك دختر. این دختره را روزها میفرستاد بمکتب پیش «ملاباجی». هرروز که میرفت مکتب سرراه صدائی بگوشش میآمد که : «نصیب مرده فاطمه !»

اسم این دختره فاطمه بود. تعجب میکرد ، با خودش میگفت : «خدایا خداوندا ، این صدا مال کیبه؟» چیزی بعقلش نمیرسید ، ترسش میگرفت. یکروز آمد بمادرش گفت : «ننه جون ، هر روز که از تو کوچه رد میشم یك صدائی بگوشم میآید که : «نصیب مرده فاطمه !» آنوقت پدر و مادرش گفتند که : «ما میگذاریم از این شهر میرویم.» هرچه اسباب زندگی وخِرت و خورت داشتند فروختند و راهشان را کشیدند رفتند.

رفتند و رفتند تا بیك بیابانی رسیدند که نه آب بود نه آبادانی نه گلبانگ مسلمانی. اینها تشنه‌شان شده بود ، گُشنه‌شان شده بود ، هرچه نان و آب داشتند همه تمام شده بود. در آن نزدیکی دیوار یك باغ بزرگی دیدند که یك در هم داشت. گفتند که : «مامیرویم اینجا در میزنیم ، یکی میاد آبی ، چیزی بهمون میده.»

فاطمه رفت در زد، فوراً در واز شد ، تا رفت تو به بیند کسی هست یا نه یکمرتبه در بسته شد و در هم غیب شد ، انگاری که اصلا در نداشت. مادر پدرش آنور دیوار ماندند و دختره توی باغ ماند. مادر پدرش گریه و زاری کردند ، دیدند فایده ندارد ، گفتند : «اینجا حالا شب میشه، گاس باشه حیوانی ، جك و جانوری بیاد ، چرا بمانیم؟ تا تاریك نشده میرویم بیك آبادی

برسیم.» باخودشان گفتند : «اینکه میگفت : نصیب مرده فاطمه ، شاید همین قسمت بوده !»

دختره آنطرف دیوار گریه زاری میکرد ، بیشتر گُشنـه‌اش شد و تشنه‌اش شد ، گفت : «بروم به‌بینم یك چیزی پیدا میشه بخورم.» رفت مشغول گشت و گذار شد ، دید یك باغ درندشتی بود با عمارت و دم و دستگاه . رفت توی این اطاق ، آن اطاق ، هرجا سر کرد دید هیچکس آنجا نیست . بالاخره ، از میوه‌های باغ یك چیزی کند و خورد ، بعد رفت گرفت خوابید . فردا صبح زود بیدار شد ، باز رفت این وَر آن وَر را سرکشی کرد ، دید توی اطاقها فرشهای قیمتی ، زال و زندگی ، همه چیز بود . دید یك حمام هم آنجاست ، رفت توی حمام سر و تنش را شست . تا ظهری کارش گردش بود ، هیچکس را ندید . هرچه صدا زد ، کسی جوابش را نداد . باز رفت توی اطاقها سر کرد ، هفتا اطاق تو در تو راگشت . دید تویش پـر از خوراکهای خوب ، جواهر وهمه چیز آنجا بود . آنوقتشو باطاق هفتمی که رسید ، درش را بازکرد ، رفت تو اطاق دید یك‌نفـر روی تختخوابی خوابیده . نزدیك رفت ، پارچهٔ روی صورتش را پس زد ، دید یك جوان خوشگلی مثل پنجهٔ آفتاب آنجا خوابیده . نگاه کرد ، دید روی شکمش مثل اینکه بخیه زده باشند سوزن زده بودند.

یك تیکه کاغذ دعا روی رَف بالای سرش بود ، وَرداشت دید نوشته : « هرکس چهل شب و چهل روز بالای سر این جوان بماند ، روزی یك بادام بخورد و یك انگشدانه آب بخورد ، این دعارا بخواند باو فوت بکند ، وروزی یكدانه از این سوزنها را بیرون بکشد، آنوقت روز چهلم جوان عطسه میکند و بیدار میشود . »

دختره ، دعارا خواند و یك سوزن از شکمش بیرون آورد . چه دردسرتان بدهم سی و پـنـج روز تمام کار این دختر همین بود که روزی یك بادام بخورد

ویك انگشدانه هم آب بخورد و دعا بخواند به اون جوان فوت کند و یك سوزن از شکمش بیرون بیاورد. اما از بسکه بیخوابی کشیده بود و گُشنگی خورده بود، دیگر رمق برایش نمانده بود، همینطور از خودش میپرسید: «خدایا، خداوندگارا، چه بکنم؟ کسی نیست بمن کمك بکند!» از تنهائی داشت دلش میترکید.

یکمرتبه شنید از پشت دیوار باغ صدای ساز و نیلبك بلند شد. رفت پشت بام، دید یکدسته کولی آمده اند اونجا پشت دیوار بار انداختهاند، میزدند و میکوبیدند و میرقصیدند. دختر صدا کرد: «آی باجی! آی ننه! آی بابا! شمارا بخدا یکی از این دخترهایتان را بمن بدهید، من از تنهائی دارم دِق میکنم، هر چه بخواهید بهتان میدهم.» سرکرده کولیها گفت: «چه از این بهتر، بهتان میدهم، اما از کجا بفرستیم راه نداریم.» دختره رفت یك طناب برداشت با صد تومان پول و جواهر و لباس و اینها را آورد روی پشت بام و انداخت پائین برای کولیها. اونها هم سرِطناب را بستند بکمر دختر کولی، فاطمه کشیدش بالا.

دختره که آمد بالا فاطمه داد لباسهایش را عوض کرد، رفت حمام، غذاهای خوب بهش داد و گفت: «تو مونس من باش که من تنها هستم.» بعد سرگذشت خودش را برای دختر کولیه نقل کرد، اما از جوانیکه توی اطاق هفتمی خوابیده بود چیزی نگفت. خود دختره باز میرفت تو اطاق در را میبست، دعا میخواند بجوانه فوت میکرد، و یك سوزن از روی شکمش بیرون میکشید. این دختر کولیه از بسکه حرامزاده بود، میدید این دختره میرود توی اطاق در را روی خودش چِفت میکند و یك کارهائی میکند، شَستَش خبردار شد آنجا یك چیزی هست که دختره از اون پنهان میکند. یك روز سیاهی بسیاهیٔ این دختر رفت، از لای چفت در دید که فاطمه

يك دعائی را بلندبلند خـوانـد و مثل اینكه يك كارهائی كرد. دوسه روز دیگرهم رفت گوش وایساد تا اینکه دعا را از بر شد.

روز سی و نهم که فاطمه هنوز خواب بود، صبح زود، دختر کولیه بلند شد رفت درِ اطاق را باز کرد، رفت تو، دید يك جوانی مثل پنجهٔ آفتاب آنجا روی تخت خوابیده. دختره دعا را که از بر بود خواند دید يك سوزن روی شکمش است، آنرا بیرون کشید. فوراً تا کشید جوانه عطسه کرد، بلند شد نشست و گفت: «تو کجا اینـجا کجا؟ آیـا حوری، جنی، پری هستی یـا آدمیزادی؟» دختـر کولیـه گـفـت: «من دختر آدمیزاد هستم.» جوان پرسید: «چطور اینجا آمدی؟»

دختر کولیه تمام سرگذشت فاطمه را از اول تـا آخر باسم خودش برای او نقـل کرد، و خودش را بـاسم فاطمه جازد و فاطمه که خوابیده بود گـفت کنیز من است.

جوان گفت: «خیلی خوب، حالا میخواهی زن من بشوی؟» دختره گفت: «البته که میخواهم، چه ازین بهتر؟»

آنها که مشغول صحبت و ماچ و بوسه بودند، فاطمه بیدار شد دید که هرچه ریشته بود پنبه شده، آه از نهادش برآمد. دستهایش را طرف آسمان کرد گـفـت: «خـدایـا، خداوندگارا، تو بسر شاهدی! همه زحمتهائیکه کشیدم همین بود؟ پس آن صدائیکه میگفت: نصیب مرده فاطمه، همین بود؟» بعد بی آنکه «آره» بگوید یـا «نه» کُلفَتِ دخـتـر کـولـیـه شد، ودختر کولیه شد خانم و خاتون و فاطمه را فرستاد توی آشپزخانه.

جوانه فرمان داد هفت شبانه‌روز شهر را آئیـن بستند و دختر کولیه را گرفت. فاطمه هیچ چیز نمیگفت، کلفتی خانه را میکرد. تا اینکه زد و جوانه خواست برود سفر، وقتیکه خواست حرکت بکند، بزنش گفت: «دلت چه

میخواهد تا برایت سوغاتی بیاورم؟» دختر کولیه گفت: «برای من یك دست لباس اطلس زری شاخه بیار.» بعد برگشت بطرف فاطمه گفت: «توچی میخواهی که برایت سوغات بیاورم؟»

فاطمه گفت: «آقاجون من چیزی نمیخواهم، جانتان سلامت باشد». جوانه اصرار کرد، اونم گفت: «پس واسه من یك سنگ صبور و یك عروسك چینی بیاورید.»

جوانه شش ماه سفرش طول کشید. دختر کولیه هم هِی فاطمه را کتك میزد و میچزاندش و اینهم همه‌اش گریه میکرد.

جوانه از سفر برگشت و همه سوغاتیهای زنش را خریده بود، اما سنگ صبور را یادش رفته بود. نگو تو بیابان که میآمد پایش خورد بیك سنگی، فوراً یادش آمد که دختر کلفته ازش سنگ صبور خواسته بود. باخودش گفت: «خوب، این دختره گفته بود، برایش نبرم بد است.» برگشت رفت توی بازار، پرسان پرسان، یکنفر دکاندار را پیدا کرد که گفت: «من یکی برایتان پیدا میکنم.» فرداش که برگشت آنرا بخرد، دکانداره ازش پرسید: «کی از شما سنگ صبور خواسته؟» جوان گفت: «تو خانه‌مان یك کلفت داریم از من سنگ صبور و عروسك چینی خواسته.»

دکانداره گفت: «شما اشتباه میکنین، این دختر کلفت نیست.»

جوانه گفت: «حواست پرت است، من میگویم که کلفت منست.»

دکاندار گفت: «ممکن نیست، خیلی خوب حالا این را میخری یانه؟»

جوانه گفت: «بله.»

دکاندار گفت: «هر کس سنگ صبور میخواد، معلوم میشه که درددل داره، حالا که برگشتی سنگ صبور را بدختر کلفت دادی همان شب، وقتیکه کارهای خانه را تمام کرد، میرود کُنج دِنجی می نشیند و همهٔ سرگذشت

خودش را برای سنگ نقل میکند، بعد از آنکه همهٔ بدبختیهای خودش را نقل کرد، میگوید:

سنگ صبور، سنگ صبور،

تو صبوری، من صبورم،

یا تو بترك، یا من میترکم.

آنوقت، باید بروی تو اطاق کمر او را محکم بگیری، اگراینکار را نکنی او میترکد و میمیرد.»

چه دردسرتان بدهم، جوان همان کاریکه او گفته بود کرد و سنگ وعروسك چینی را بدختر کلفته داد. همینکه کارهایش تمام شد، رفت آشپزخانه را آب و جارو کرد، یك شمع روشن کرد کنج آشپزخانه گذاشت، سنگ صبور و عروسك‌چینی را هم جلو خودش گذاشت و همهٔ بدبختیهای خودش را از اول که چطور سر راه مکتب صدائی بغل گوشش میگفت که «نصیب مرده فاطمه!» بعد فرارشان، بعد بیخوابی و زحمتهائیکه کشید، بعد کلفتی و زجرهائیکه تا حالا کشیده بود، همه را برای آنها نقل کرد. آنوقت گفت:

«سنگ صبور، سنگ صبور،

«تو صبوری، من صبورم،

«یا تو بترك، یا من میترکم.»

همینکه این را گفت، فوری جوان در را بازکرد، رفت محکم کمر فاطمه را گرفت، بسنگ صبور گفت: «تو بترك.» سنگ صبور ترکید و یك چکه خون ازش بیرون جست. دختره غَش کرد، جوان اورا بغل زد و نوازش کرد و ماچ و بوسه کرد، برد تو اطاق خودش خوابانید.

فردا صبح فرمان داد گیس دختر کولی را بدمب قاطر بستند و هِی کردند

میان صحرا. بعد داد هفت شبان و روز شهر را چراغانی کردند و آئین بستند وفاطمه را عروسی کرد و بخوشی و شادی باهم مشغول زندگی شدند.

همانطوریکه آنها بمرادشان رسیدند، شما هم بمراد خودتان برسید! قصهٔ ما بسر رسید، کلاغه بخونه‌اش نرسید.[20]

صادق هدایت : «سنگ صبور»

از : نوشته‌های پراکنده صادق هدایت

Ṣādiq Hidāyat, 'Sang-i Ṣabūr' ('The Patient Stone'), from *Nivishta-hā-yi Parākanda-yi Ṣādiq Hidāyat* (*The Miscellaneous Writings of Sadiq Hidayat*), pp. 131–8 (Tehran, 1334/1955). See *Modern Persian Prose Literature*, p. 206.

از پیام کافکا[1]

نویسندگان کمیابی هستند که برای نخستین بار سَبك و فکر و موضوع تازه‌ای را میان میکشند، بخصوص معنی جدیدی برای زندگی میآورند که پیش‌از آنها وجود نداشته است — کافکا یکی از هنرمندترین نویسندگان این دسته بشمار میآید.

خواننده‌ای که با دنیای کافکا سر و کار پیدا میکند، در حالیکه خرد و خیره شده، بسویش کشیده میشود : همینکه از آستانه‌اش گذشت، تأثیر آن را در زندگی خود حس میکند و پی میبرد که این دنیا آنقدر هم بن‌بست نبوده است. کافکا از دنیائی با ما سخن میگوید که تاریك و درهم‌پیچیده مینماید، بطوریکه در وهلهٔ اول نمیتوانیم با مقیاس خودمان آنرا بسنجیم. در آن از چه

[1] Kafka, Franz.

گفتگو میشود؟ از لایتناهی؟ خدا؟ جن و پری؟ نه این حرفها در کار نیست . موضوعهای بسیار ساده وپیش پا افتادهٔ زندگی روزانهٔ خودمان است : با آدمهای معمولی ، با کارمندان اداره روبرو میشویم که همان وسواسها و گرفتاریهای خودمان را دارند، بزبان ما حرف میزنند و همه چیز جریان طبیعی خود را طی میکند. ولیکن ناگهان احساس دلهُرهآوری یخهمان را میگیرد : همهٔ این چیزها که برای ما جدی و منطقی و عادی بود ، یکباره معنیش گم میشود، عقربك ساعت جور دیگر بکار میافتد، مسافتها با اندازهگیری ما جور در نمیآید ، هوا رقیق میشود و نفسمان پس میزند. آیا برای اینکه منطقی نیست؟ برعکس همه چیز دلیل و برهان دارد، یکجور دلیل وارونه ، منطق افسار گسیختهای که نمیشود جلویش را گرفت . ــ اما برای اینست که میبینیم همهٔ این آدمهای معمولئ سربزیر که در کار خود دقیق بودند و با ما همدردی داشتند و مثل ما فکر میکردند همه کارگزار وپشتیبان « پوچ » میباشند. ماشینهای خودکار بدبختی هستند که کار آنها هرچه جدیتر و مهمتر باشد، مضحكتر جلوه میکند. کارهای روزانه وانجام وظیفه وتك و دوها و همهٔ چیزهائی که به آن خو کرده بودیم و برایمان امر طبیعی است ، زیر قلم کافکا معنی مضحك و پوچ و گاهی هراسناك بخود میگیرد .

آدمیزاد ، یکه و تنها و بیپشتوپناه است و در سرزمین ناسازگار گمنامی زیست میکند که زاد و بوم او نیست . با هیچكس نمیتواند پیوند ودلبستگی داشته باشد، خودش هم میداند، چون از نگاه و وَجَناتش پیداست. میخواهد چیزی را لاپوشانی بکند، خودش را به زور جا بزند، گیرم مچش باز میشود : میداند که زیادی است . حتی در اندیشه و کردار و رفتارش هم آزاد نیست ، از دیگران رو دَرواسی دارد ، میخواهد خودش را تبرئه بکند.

دلیل میتراشد، از دلیلی بدلیل دیگر میگریزد، اما اسیر دلیل خودش است، چون از خِیطی که به دور او کشیده شده نمیتواند پایش را بیرون بگذارد.

گمنامی هستیم در دنیائی که دام‌های بیشمار در پیش ما گسترده‌اند وفقط برخوردمان باپوچ است. همین تولید بیم و هراس میکند. درین سرزمین بیگانه بشهرها و مردمان و کشورها و گاهی به زنی برمیخوریم، اما باید سربزیر از دالانی که در آن گیر کرده‌ایم بگذریم، زیرا از دو طرف دیوار است و در آنجا هر آن ممکن است جلومان را بگیرند و بازداشت بشویم. چون محکومیت سربسته‌ای ما را دنبال میکند و قانونهائی که به رخ ما میکشند نمیشناسیم وکسی هم نیست که ما را راهنمائی بکند. باید خودمان دنبالش برویم. بهرکس پناه میبریم از ما میپرسد: «شما هستید؟» و براه خودش میرود. پس لغزشی از ما سرزده که نمیدانیم و یا بطرز مبهمی از آن آگاهیم: این گناه وجود ماست. همینکه بدنیا آمدیم در معرض داوری قرار میگیریم و سرتاسر زندگی ما مانند یك رشتهٔ کابوس است که در دندانه‌های چرخ دادگستری میگذرد. بالاخره مشمول مجازات اشّد میگردیم و در نیمهٔ روز خفه‌ای کسیکه بنام قانون ما را بازداشت کرده بود، گَزلیکی به قلبمان فرو میبرد و سگ‌کش میشویم. دِژخیم و قربانی هر دو خاموشند. — این نشان دورهٔ ماست که شخصیتی در آن وجود ندارد و مانند قانونش ناکسانه و سنگدلانه می‌باشد. هر چند منظره باندازهٔ کافی سهمناك است، و لیکن حتی خون سرازیر نمیشود. جای زخمِ قداره نیز در پس گردن به دشواری دیده میشود. خفقان یگانه راه گریز برای انسان امروز میباشد که در سرتاسر زندگیش دچار تنگ نفس بوده است.

پیدایش این اثر دلهره‌آور در آستانهٔ جنگ اخیر، انگیزهٔ جدی‌تر از شیفتگی ادبی در بر داشت. باید پذیرفت که خواهش ژرف‌تری در کار بود.

کافکا میفریفت و میترسانید. هنگامی این اثر آفتابی شد که تهدید بی پایان
وآشفته‌ای در افکار رخنه کرده بود. کافکا ناگهان مانند منظومهٔ شوم و غیر
عادی پدیدار شد. در این اثر دلهره‌ای با سیمای سخت دیده میشد و نگاه
ناامیدانه‌ای بدترین پیش‌آمدهارا تأیید میکرد. این هنر موشکاف
وبدون دِلخوشکُنَك باروشن‌بینی علت شر را آشکار میساخت، اما افزاری برای
سرکوبی آن بدست نمیداد. — این اثر توصیف دقیق وضع انسان کنونی در
دنیای فتنه‌انگیز ماست که کافکا با زبان درونی خود آنرا بطرز وحشتناکی
مجسم کرده است. . . .

صادق هدایت : پیام کافکا

Ṣādiq Hidāyat, *Piyām-i Kāfkā* (*The Message of Kafka*), 2nd edition, pp. 11–14 (Tehran, 1337/1958). See *Modern Persian Prose Literature*, pp. 200–1.

13

بزرگ علوی

Among the new generation of writers in Iran, Buzurg 'Alavī has shown a remarkable gift in adopting European techniques of story-telling while at the same time producing work still strikingly Persian.

He was born in 1907 and received part of his secondary and university education in Germany. On his return to Iran he joined an illegal Marxist group and in consequence spent four years in prison. He was released in 1941, whereupon he became one of the founders of the Tūda party. He travelled to Europe after the political events of 1953 and has since held a professorship at Humboldt University in East Germany.

The extracts given here are taken from the first and the last works he published in Iran. The first is part of a story about the idiosyncrasies of an impotent opium-addict, his peculiar love for a house-maid and the fetishistic obsession of the two for a lead soldier. The Freudian influences, which 'Alavī brought with him from Germany and which marked all his earlier works, are easily discernible in the piece. From the novel *Chashmhāyash* comes an episode describing, with extreme subtlety and dramatic effect, the brief, tragic courtship of the heroine by an Italian youth.

The author's breadth of imagination, his flair for description, the forceful, economical and unpretentious language he employs in all his writings, are visible even in this short selection.

منتخباتی از 'سرباز سربی'

...«از اینجا سرگذشت حقیقی من با این کوکب شروع میشود» حلقه‌های سفید رنگ و بعد کبود رنگ دود تریاك بصحبت‌های او یك حالت فلسفی میداد، «هروقت این زن داخل زندگانی من شد، اوضاع مرا برهم زد. اگر کوچکترین هوا و هوسی تصور بکنی ما بین من و این زن نبود، من از کوکب خوشم میامد، اورا دوست داشتم، آنطوریکه آدم مادرش را دوست دارد. اما رابطه‌ای ما بین مانبود. زجرهائیکه من در زندگانی کشیده‌ام، مصیبت‌هائیکه مستقیماً و یا غیرمستقیم بدست کوکب بر سر من آمده، تمام اینها برای من حتمی و مسلم بود. من با این زندگانی محکوم بودم. روز اول که داخل زندگانی شدم، نشو و نمای من در آن خانه، در زیر دست آن پدر، در دامن آن مادر، تمام اینها مرا وادار میکرد که یك چنین خطِ مشئ در زندگانی اختیار کنم. تمام آن علت‌هائی داشت. منِ بیچاره بازیچه بودم. ای کاش عوض اینکه میگویم 'میخواهم' میتوانستم بگویم 'مرا خواهاندند'.»

سرفه‌های متوالی و لاینقطع حرف اورا قطع کردند، پس از چند دقیقه باز از نو شروع کرد، «از مطلب دور شدم، یك شب کوکب در خانهٔ من بود. آمده بود که صبح حرکت کنند. قرار شد که من صبح برایش اتومبیل[1] بگیرم و اورا بشیراز روانه کنم. من یك اطاق بیشتر نداشتم. گلیمی خریده بودم و در آن انداخته بودم. نصف اطاق بیفرش بود. کوکب بخچه خودش را باز کرد، روی زمین انداخت و خوابید. صبح زود من عقب اتومبیل رفتم. همه قرار و مدار آن را گذاشتم.»

[1] automobile.

«ظهر که بخانه برگشتم دیدم کوکب نیست. با گاراژ(۱) دار قرار گذاشته بودم که طرفِ عصری مسافر حرکت کند. مدتی منتظر او شدم. از کار بیکار شدم. باداره نرفتم. غروب آفتاب بود که دیدم کوکب برگشته و اوقاتش تلخ است: 'من از صبح تا حالا عقب شما میگشتم. دیشب که دستپاچگی اسبابهایم را جمع کردم، یك چیزی را فراموش کردم. اگر پیدایش نکنم حتماً یك بلائی در راه بسر من میآید'. عوض جواب ارسی‌هایم را پوشیدم و عقب کار رفتم. شب دیر آمدم بخانه. دیدم کوکب سربخچه‌اش نشسته و دارد اسبابهایش را بهم میزند. از او پرسیدم: 'چی چی گم کردی؟' دیدم دارد هق هق گریه میکند، 'یك عروسك'.»

«'چه عروسکی؟'، 'یك سرباز سربی'، من تعجب کردم و گفتم: 'یك سرباز سربی ده شاهی قیمت دارد، دیگر اینهمه گریه و زاری ندارد'. مثل اینکه حرف مرا نفهمید. بمن گفت 'ده شاهی؟ برای من باندازه جانم قیمت داشت'.»

«این سرباز سربی را کوکب از خانهٔ آقائ بچه‌اش بدست آورده بود. روزی بچه را به گردش برده، از یك دکان عطاری این سرباز را خریده بود. اما چون سرباز دست بچه را بریده بود، خانم نگذاشته بود که دیگر آن را دست بچه بدهد. از همین جهت کوکب از خانم رنجیده بود و دیگر نخواسته بود آنجا بماند. از آنوقت تا بحال همیشه آن را پیش خودش نگاهداشته بود و حالا غصه‌اش شده بود. این گم شدن سرباز را بفال بد میگرفت.»

«بعد از چند روز که در خانهٔ من بود یك روز بمن گفت: 'میدانید، من اصلاً دلم شور میزند. دیگر نمیخواهم بروم به شیراز، مثل اینکه دیگر شوهرم

(۱) garage.

از من سیر شده است و مرا دیگر نخواهد گرفت. اگر بخواهید همینجا کُلفتی شمارا میکنم. والّا میروم جای دیگر. من باید آنقدر در این شهر بمانم تا این سربازسربی را پیدا کنم. و الّا از غصه خواهم مرد'. »

«و کوکب ماند و نمرد. یکماه ماند و مرا کشت. شبها من روی پشت بام میرفتم و کوکب توی اطاق میخوابید. صبح چای مرا درست میکرد، رختهای مرا پاك میکرد، ناهار مرا میپخت، بعضی اوقات باهم غذا میخوردیم. اینطوریکه او از من نگهداری میکرد من خیال میکردم مادرم است و بهمین خیال خوش بودم، شب پهلوی هم می‌نشستیم. یك ماه اینطور گذشت، پس از آن مرا بتهران احضار کردند. به کوکب گفتم: 'من باید بروم بتهران، اگر بخواهی ترا میبرم'. گفت: 'نه، من همینجا میمانم. من باید این سرباز را پیدا کنم و الا خواهم مرد'. بعد کمی فکر کرد و گفت: 'شما کی میروید بتهران'؟ 'من برای روزشنبه حرکت می کنم'. آنوقت از جایش بلند شد که برود شام بکشد و گفت: 'منهم تا روز شنبه برای خودم جائی پیدا میکنم'. من گفتم: 'حالا تا روزشنبه'. اما روز شنبه من حرکت نکردم. شنبه دیگر هم حرکت نکردم. شنبه سوم هم هنوز آنجا بودم. ابلاغ از تهران آمد که چرا من خبر حرکت خودم را نداده ام. ابلاغ را پاره کردم. از هفته چهارم دیگر حقوق من قطع شد. در عرض این چهارهفته کوکب هم برای خودش جائی پیدا نکرده بود. یك شب از او پرسیدم: 'این سربازسربی که تو داشتی چه شکلی بود؟ بگو شاید بتوانم عین آنرا برایت بخرم'. 'بیخود خودت را اذیت نکن. من تمام این شهر را گشته‌ام یك چنین سربازسربی که من داشته‌ام هیچ جا پیدا نمیشود. اما شما شبها خیلی بخودتان میپیچید. دیشت آمدم سر رختخوابتان. چرا آنقدر برای مادرتان بیتابی میکنید'. »

«راست می‌گفت : یادم میآید که خواب میدیدم صاحبمنصبی با شمشیر لخت حمله کرده بطرف مادرم ، پدرم آنجا ایستاده بود و حرفی نمیزد ، اما علتش آن بود که من در آن ایام زیاد عرق میخوردم.»

«فردای آن روز با کوکب رفتیم که سرباز سربی بخریم. بیخود، چون هرجا که میرفتیم کوکب میگفت: 'نه ، این عروسك ها هیچکدام آن سرباز نیست.' »

«آنوقت من بفکر افتادم که خودم این سرباز را آنجوریکه کوکب میخواسته است برایش بسازم. مدل[1] های چوبی درست کردم ، سرب خریدم ، دیگر اینهاش را دیدی و خودت میدانی. . . . بالاخره آن سرباز سربی آنطوری که کوکب میخواست درست نشد. اینهم باشد که من سربازها را میفروختم و از فروش آن زندگانی کردم ، همانطوری که حالا هم زندگی میکنم. اما چه فائده ! آن سرباز اولی ، آن سرباز هیچوقت درست نشد ، در یك سالِ آزگار درست نشد. روزگار ماهمین بود ، شبها باهم حرف میزدیم ، گاهی کوکب از شوهرش که اکنون در قشون است صحبت میکرد.»

اینجا من حرف ف. را قطع کردم ، برای آنکه هیچ اول و آخر موضوع را نفهمیدم. آخر آدم برای خاطر یك کلفت که آنقدر بخودش زحمت نمیدهد. ولی من احساس میکردم که این سرگذشت در او زیاد تأثیر کرده وسخت اورا متأثر کرده است. من حدس میزدم که از افشای یك مطلب مهم خود داری میکند. از این جهت از او پرسیدم : «مگر تو دوستش داشتی؟ تو که خودت اول گفتی هیچ رابطه ای مابین شما نبود.»

رفیقم جواب مرا نداد و دنباله حرفش را گرفت.

«بعد از چهار ماه بالاخره باین فکر افتادم که ممکن است یك چنین سرباز سربی که کوکب میگوید ، اصلاً وجود نداشته باشد. از این جهت

[1] model.

يك روز صبح كه بلند شدم عوض اينكه سرباز سربى بريزم شروع كردم
بچوب تراشيدن و قالب ساختن ، يك آدم مهيب ميخواستم درست بكنم . اما
اين قالب آنجوريكه ميخواستم نميشد . صورتش آنجوريكه من تصور ميكردم
درست در نميآمد ، من ميخواستم آنرا مهيب درست كنم اما بى اختيار بشكل
پدرم در ميآمد . چقدر من در اين قالب گرفتن زجر و مصيبت كشيده ام —
بماند . براى اينكه تو كه سهل است ، هيچكس نميتواند بفهمد . تازه تو
ميپرسى مگر اورا دوست داشتى ؟ دوستى يعنى چه ؟ من مصيبت از اين
بزرگتر نچشيدهام . لذتى كه براى شما طبيعى است براى من زجر است . من
محكوم بودم باينكه نتوانم دوست داشته باشم . هزار زجر و شكنجه در دنيا
هست ، اين مصيبت را كسى نتوانسته است تصور كند كه ممكن است
اشخاصى باشند كه نتوانند اصلاً دوست داشته باشند . بلا ، بلا هم اسمى
براى درد من نيست . منكه بروحانيت معتقد نيستم . آه ، حوصله ندارم . اين
سرباز درست شد ، اما بقيمت زندگانى من . حالا پس از يكسال فهميدم كه
كوكب حق داشت . اين سرباز سربى از آنها نبود . بالاخره يكى درست
كردم و توى بخچهاش گذاشتم ، چندشب اين كار را تكرار كردم . . .
تمام شد ، فصل اول زندگانى من تمام شد . يكروز صبح كه از خواب بلند
شدم ديدم كوكب نيست . » . . .

بزرگ علوى : قسمتى از « سرباز سربى »

از مجموعهٔ : چمدان

Buzurg ‘Alavī, part of the ‘Sarbāz-i Surbī’ (‘The Lead Soldier’), from
the collection *Chamadān* (*Portmanteau*), pp. 72–7 (Tehran, 1313/1934).
See *Modern Persian Prose Literature*, pp. 115–16.

از چشمهایش

بگذارید حادثه ایکه در زندگی من اتفاق افتاده برایتان بگویم. اگرچه ارتباطی با زندگی استاد ندارد، اما دلم میخواهد این پیش‌آمد را آنطوریکه در واقع بوده، برای شما نقل کنم. گمان میکنم آنوقت مرا بهتر خواهید شناخت.

جزو محصلینی که در E.d.B.A.[1] بامن همدرس بودند، یکنفر ایتالیائی بود باسم دوناتللو.[2] این یك مرد چهارشانهٔ خوش هیکل بسیار، بسیار زیبائی بود، زلفهای مشکی، چشمهای سیاه، ابروهای پرپشت و عوضش یك بینی قلمی و لب و دهن شهوت انگیزی داشت. با نگاهش تاتهٔ دل رخنه میکرد. اما در نظر من این چشمهای سیاه درشت با آن نگاه تندش مسخره میآمد. خجالت نمیکشید، کم جرأت نبود. منتهی مناعت داشت. هروقت در مدرسه متوجه او میشدم، میدیدم که دارد بمن نگاه میکند، اما زیرچشمی و بمحض اینکه رویمرا بسوی او میگرداندم نظرش را بجانب دیگر میچرخاند، گوئی اصلا مرا ندیده.

پس از سه چهار سال زندگی در پاریس با تمام ادا و اطوارها آشنا شده بودم. یکی گستاخ و دریده بود. میآمد، میزد، میخورد و میرفت. یکی از سر وصورتش احساسات میچکید، با شعر و موسیقی نزدیك میشد، قطره قطره میخواست امواج سرشار عشق سوزانش را بچکاند.

بعضی بیعرضه و بیقابلیت هستند و با عشق افلاطونی موی دماغ آدم میشوند، بعضی مصّر و لجوج هستند. امان از اینها که آدم را ذلّه میکنند ومن بخوبی میدانستم که با هرکدام چگونه باید رفتار کرد.

این ایتالیائی که بیست و هفت هشت سال داشت، از همه بنظر من

مضحك تر میآمد. تودار بود و خودش را میخورد. حتی باو امید هم میدادم. اما نزدیك نمیشد. یکی دوبار باو خندیدم، یکبار بصورتش نگریستم، سر کلاس نزدیك او مینشستم، قلم مویم را در نزدیکی او بطوری که دیگران نفهمند، بزمین میانداختم، اما او بروی خودش نمیآورد. در عین حال از اداهایش پیدا بود که شیفتهٔ من است.

یکشب با جمعی به Bois de Boulogne رفتیم. اول شب بود و هوا صاف و مهتابی. در جنگل راه میرفتیم، آنها هرکدام بزبانهای خودشان آواز میخواندند.

اغلب از محصلینِ E.d.B.A. بودند و بیشترشان دختر. وقتی مردها از کنار آنها رد میشدند، غش‌غش میخندیدند. این خنده‌های بیمزهٔ آنها مرا زد. کم‌کم از آنها دورشدم و تنها به Pavillon رفتم. رستوران[۱] زیبائیست. ناگهان دیدم دوناتللو سر میز نشسته و یك گیلاس اپریتیف[۲] جلوش گذاشته و فِروفِر سیگار میکشد. یکراست سر میز او رفتم.

از دور مرا دید، سرش را بلند کرد و باچشمهای درشتِ سیاهش بمن نظر انداخت. گفتم: اجازه میدهید سر میز شما بنشینم.

از جایش بلند نشد، بادست اشاره کرد، سرمیز صندلی خالی نبود، ناچار برخاست. صندلی خودش را اینطرف تر گذاشت و بمن داد. مدتی ایستاد تا گارسنی[۳] پیدا شد و برایش صندلی آورد.

زیرسیگاری پراز ته‌سیگار بود، بعضی از آنهارا تا ته نکشیده، خاموش میکرد و معلوم بود که از این دود کردن بدش میآید. با وجود این میکشید. همینکه نشست، سیگارش را خاموش کرد، پرسید:

— چه میخواهید؟

[۱] restaurant. [۲] apéritif. [۳] garçon.

گفتم : بگوئید یك اپریتیف برای من هم بیاورد. بعد شام میخوریم.

صحبتمان در نگرفت. نشسته بود و سیگار میکشید. از مهتاب، از پاریس، از محصلین دیگر و از همراهان خود صحبت کردم، بیهوده.

از هنر گفتگو بمیان آوردم. مفصل برایش شرح دادم که دوستدار هنر از خود هنرمند بیشتر لذت میبرد. مسلماً هر هنرمندی از کار خودش حتی اگر شاهکار هم باشد ناراضی است، همیشه میخواهد بهتر و زیباتر از آنچه که خلق کرده بسازد، همیشه میتواند عیوب آنرا ببیند، هنرمند بهترین منقد آثارش است. اما تماشاچی غرق لذت میشود. اغلب مردم نواقص را آسان ادراك نمیکنند، فقط زیبائی‌های آن را می بینند.

منتظر بودم که خلاف من ابراز عقیده کند، بحث در گیرد، اورا بحرف آورم و بعد با سحر و افسون صورت زیبایم کارش را بسازم. وقتی اظهار عشق کرد، مسخره اش کنم و از شر این یکی هم خلاص شوم. اما زیر بارنمیرفت، سیگار میکشید و دودش را برای اینکه مزاحم من نشود، بهوا میتاراند. وقتی سرش را بالا نگاه داشت، رگهای زیر گردنش ماورای پوست سفید کبود میشد و من ارتعاش بدن اورا میدیدم، با وجود این سرد نشسته بود و هیچ نمیگفت. بعد ازش سئوال کردم. بالهجه خشن جوابهای مقطع میداد.

شام خوردیم. یك بطری Grave Supérieur آوردند، تقریبا همه اش را او خورد و من فقط لب ترکردم. فقط چیزی که از او در آوردم این بود که پدرش از صاحبمنصبان عالیرتبه وزارت خارجه ایتالیای فاشیست[1] است.

حوصله‌ام سررفت. گفتم که کمی باهم گردش کنیم و مرا بخانه برساند. اطاعت کرد. وقتی از کنار دریاچه Bois de Boulogne ردشدیم، دیدم قائق کرایه میدهند. گفتم : سوار قائق شویم، قبول کرد.

[1] Fascist.

پرسیدم : پارو بلدید بزنید؟ سرتکان داد.

اول خودش پا به قائق گذاشت. بعد دست مرا گرفت که کمکم کند. دستش را محکم فشار دادم. بتظاهر اینکه دارم میافتم، خودمرا به بازویش چسباندم، اما او بی‌اعتنائی کرد. باور نمیکردم. هنوز مشکوك بود. اینطور پهلوی خودم خیال میکردم.

مرا روی نیمکت عقب قائق نشاند. باهر ضربهٔ پارو ماه درآب پاره‌پاره میشد و فوری میکوشید شکل اول خودش را بدست آورد اما باز تِلوتِلو میخورد.

دوناتللو سیگار زیر لبش بود، بطوریکه اگر جوابی میداد، جویده جویده بود کم‌کم شروع کرد بزمزمه. صدای بمی داشت، بعد سیگار را بآب انداخت. با بازوهای تنومندش آبرا محکم میشکافت و بلندتر میخواند. یك آهنگ شورانگیز عجیبی بود. پهلوی خودم فکر کردم : بیچاره شده است. دلم بحالش سوخت، ناگهان کینهٔ من برانگیخته شد، از خودم پرسیدم پس چرا آنقدر مزاحم من هستند. میخواستم بگویم که برگردد. اما راستی صدای او بحدی گیرا بود که من جرأت نکردم. همینکه خواندنش تمام شد، از جایم بلند شدم یك قدم بجلورفتم و پشت گردنش را بوسیدم. قائق تکانی خورد، نزدیك بود برگردد، اما دوناتللو ناگهان مثل پلنگی که با یك جست طُعمه‌اش را ربوده باشد، بیك طرف غلطید، مرا بطرف خودش کشاند ودربازوهای محکمش بحدی فشارداد که نزدیك بود لِه و لَوَردِه شوم. سر وصورت مرا با بوسه پوشاند.

فرصت که پیدا میکرد، ایتالیائی میگفت، چیزهائی می گفت که نمی فهمیدم. فقط این یك جمله یادم هست. می گفت Ti volio bene.

خود را از چنگش راحت کردم. مرا کنار خودش نشاند. ناگهان طلسم شکست. شروع کرد به صحبت، نیم ایتالیائی میگفت، نیم فرانسه. از

همان چیزهائیکه همه عشاق ابله میگویند. غمی مرا گرفت دستور دادم که برگردیم، دیگر بی‌آنکه با او حرف بزنم و بی‌آنکه خاموشی را بشکنم، با تاکسی[۱] بپاریس برگشتیم. یکساعت این قائق سواری طول کشید.

دم در خانه همینکه دربان در را باز کرد، شوخ و خندان ازش خدا حافظی کردم، از من پرسید: کی همدیگر را ببینیم؟ خنده‌کنان جواب دادم: ما همیشه همدیگر را در مدرسه میبینیم.

پشت باو کردم و به آپارتمان[۲] خودم رفتم.

مدتی در رختخواب نشستم، غم سوزانی مرا شکنجه میداد و دست از سرم بر نمیداشت، خوابم نمیبرد، بوسه‌های این مرد خشن بنظرم ساختگی می آمد وچندش آور بود، مدتی کتاب خواندم و داستان را فراموش کردم.

صبح روز بعد وارد مدرسه که شدم، دم در ایستاده بود و خنده‌کنان بطرف من آمد، باخوشروئی باو جواب دادم. در کریدور[۳] باهم راه رفتیم، اما آن نقاب ساختگی که در گفتگوی با دلباختگان همیشه بصورت من است، آنروز هم بود. هرچه سعی کرد که این صورتك را بر دارم موفق نشد، هنگام ظهر با قیافهٔ آشفته گفت:

امروز عصری میآیم منزل شما با هم باشیم.

گفتم: عصری وقت ندارم.

راستی وقت نداشتم، با سرهنگ نوهٔ عموی پدرم قرار ملاقات گذاشته بودیم.

پرسید: شب چطور؟

گفتم: تایکهفته وقت ندارم. گذشته از این ما هر روز همدیگر را در مدرسه می بینیم.

فرنگیس حرفش را قطع کرد. چشمهایش برق میزد. شاید هم ترشده بود.

[۱] taxi. [۲] apartment. [۳] corridor.

گفتم : فرنگیس خانم ، بقیه‌اش را بگوئید.

– بقیه‌ای ندارد. البته این را میفهمید که تأثر من محض خاطر دوناتللو نیست. میدانید تأثیر این حادثه در من چقدر بود؟ باندازهٔ ترشی که هنگام خوردن یك خوشهٔ انگور شیرین یك حبهٔ ترش در دهان شماباقی میگذارد.

آن ایام در سراسر اروپا فیلمی گل کرده بود و یك تصنیف آنرا در همه کافه(۱) ها میخواندند

نه آهنگ یادم است و نه متن تصنیف. اما مضمونش این است.

«من سراپا برای عشق ساخته شده‌ام
و دیگر کاری از من ساخته نیست.
مرد ها مثل پشه دورشمع ، گرد من پرپَر میزنند
اگرآنها بال و پرخود را میسوزانند ، گناه من چیست؟»

بازهم فرنگیس سکوت کرد. آیا دیگر نمیخواست چیزی بگوید. جرأت نداشتم چیزی از او بپرسم. فقط قسمت آخر شعر اورا اینطور تکرار کردم.

«اگر آنها بال و پر خودرا میسوزانند ، گناه من چیست؟»

گیلاس کنیاك(۲) را برداشت. لحظه ای برنگ زرین آن نگاه کرد و گفت :

هیچ ، دوناتللو را دیگر ندیدم. یکهفته بعد نعش اورا روی دریاچه Bois de Boulogne پیدا کردند. . . .

بزرگ علوی : چشمهایش

Buzurg 'Alavī, *Chashmhāyash* (*Her Eyes*), pp. 98–104 (Tehran, 1331/1952). See *Modern Persian Prose Literature*, pp. 120–4.

(۱) café. (۲) cognac.

14

جلال آل احمد

Jalāl Āl-i Aḥmad was born and brought up in a clerical household, and chose teaching as his profession. He deserves to be singled out in modern Persian literature for his versatility, his markedly individual style, and the deep conviction that runs through all his writings.

The collection *Dīd u Bāzdīd* was his first published work and the principal themes of the book, namely criticism of superstition and of hypocritical clergy, denunciation of the unpleasant aspects of urban life, a strong love of national traditions and an unremitting sympathy for the masses who suffer social and political disabilities, have since recurred in many of his works. In the short novel *Mudīr-i Madrisa* he portrays with remarkable ingenuity and realism the lives and preoccupations of the provincial teaching officials with their day-to-day humiliations and privations.

Characteristic of nearly all of Āl-i Aḥmad's fictional writings are a precision and economy of words, an abundant use of the spoken forms, and cynicism and disillusionment normally tempered with banter and quaint humour.

از ‘تجهیز ملّت’

صبح یکی از روزهای دهۀ اول شهریور بود. چیزی به ظهر نمانده بود. شهر زندگی معمولی خود را ادامه میداد. هیچ چیز تازه‌ای جز سربازان لخت و یکتا پیراهن، که چندین روز بود با یك پیت حلبی در میان شهر ولشان کرده بودند، دیده نمیشد. سربازها، هنوز به پیروی از یك عادت

زورکی و کورکورانه ، سه به سه و ردیف قدم بر میداشتند و ویلان وسرگردان در شهر میگشتند.

اتوبوس‌ها تند می‌گذشتند. مردم بهم تنه میزدند واخم میکردند و رد می‌شدند.

ناگهان باز صدای هواپیماها بلند شد و مردم که هنوز از دیدن این غول های آهنین سیر نشده بودند ، در هرجا که بودند می‌ایستادند ، سرخود را بالا میکردند ، چانه‌شان سنگینی میکرد ، پائین می‌افتاد و دهانشان باز میماند ومات و مبهوت در میان آسمان بدنبال یك نقطه سیاهی میگشتند.

یکی دو صدای خفیف و گنگ از جنوب شهر شنیده شد و بدنبال آن یك مرتبه دود گلوله‌هائی که در هوا منفجر شدند روی زمینهٔ صاف آسمان لکه های سفیدی پاشید. همه دست از کار کشیدند و به بیرون ریختند. هیچکس نمیدانست چه شده :

— بمب[1] میندازن؟ !

— نه بابا ! توپه. بمب که روهوا نمی‌ترکه.

اتوبوس[2] ها از حرکت باز ماندند و سواری‌های براق و نو تند کردند. پاسبانهای سر چهارراه‌ها پست[3] خود را رها کردند. مردم هاج و واج مانده بودند ، هیچ کس نمیدانست چه شده ، چه خبر است؟ این هم سؤالی بود که در پی هزاران سؤال دیگر مردم این دیار در آن چند روزه از خود میکردند. ولی باز هم هیچکس به پاسخ دادن به هیچکدام آنها قادر نبود.

این نادانی بشر است که همیشه اورا به بندگی و ترسیدن وا میدارد.

همه ایستاده بودند. اداره ، دکان ، آموزشگاه و مغازهٔ خود را رها کرده بودند و ساکت آسمان را می پائیدند. شاید چند دقیقه گذشت تا دود گلوله‌ها که در

(۱) bomb. (۲) autobus. (۳) post.

آسمان هنوز می‌ترکیدند پهن شدند، بهم نزدیك گردیدند، چسبیدند، سنگین شدند و مثل یك کابوس وحشت و هراس بر سر شهر و اهالی آن فرود آمدند. آنوقت همه فرار کردند.

افسران شمشیرهای بّراق و پرو پا گیر خود را از میان چکمه‌های خود جمع میکردند و میدویدند. زنها جیغ میکشیدند، از همه تنه می خوردند وعقب می ماندند. آموزشگاهها بسته شد، دکانها در یك چشم بهم زدن تخته گردید ودیگر در خیابانها پرنده پَر نمیزد. فقط هنوز سربازهای یکتا پیراهن بودند که حتی برای فرارکردن هم جائی نداشتند. ساکت و آرام، مثل گوسفندهائی سر بزیر، قدم بر میداشتند و حلبی‌های خالی و پرسرو صدای خود را بدنبال خود میکشیدند.

وحشت و اضطراب همچو سیلی پرجوش و خروش بسمت آخر شهر، بطرف بازارها، میدوید. بهرجا که میرسید جنجال عظیمی براه میانداخت و هراسی بزرگ در دل ها می افکند.

موجی از وحشت به بازار افتاد. از سر همه چیز درگذشت. همه را در مسیر خود غلطاند و در پشت سر، یك سکوت، یك آرامش مرگ بار، باقی گذاشت: آرامشی که درمیان آن، از آن دورها، فقط سر و صدای پیت حلبی سربازان بی خانمان شنیده می شد.

در یك چشم بهم زدن درهای آهنی با صداهائی مهیب پائین کشیده شدند و بازار پس از یك هیجان و اضطراب عجیب از نَفَس افتاد و همه رفتند.

انعکاس ضربت گامهای یك عده سرباز، منظم و هم‌آهنگ، در زیر طاقهای اول بازار پیچیده شد. در جلو یك تیمسار خیلی باد کرده دست بروی پنج تیر ظریف خود نهاده، و در عقب یك گروه سرباز با تفنگ‌های نو و دست نخورده، در حال پیش فنگ، همه محکم پا میکوبیدند. بازار خلوت بود، غیر

از این‌ها پاسبان وظیفه شناسی ، که هنوز پاسگاه سرِبازار زرگرهایِ خود را رها نکرده بود ، تنها کسی بود که در زیر طاق‌های تاریك بازار نفس میکشید.

تیمسار در جلوی او ایستاد ، پاسبان سیخ شد. وکیل باشی فرمان ایست داد و جناب تیمسار شروع کردند :

— پدرسوخته. . . مادر. . . چرا گذاشتی بازار را ببندن. . . ؟

— جه . . . جه . . . جناب تیمسار بنده بی تقصیرم . . .

ولی نه تنها بازار، بلکه شهر تعطیل شده بود !

مردمی ، که نگذاشته‌اند افق کوتاه فکرشان از چهار دیواری خانه ودکانشان فراتر رود ، می‌پنداشتند تمام این دعواها و جنجال‌ها فقط و فقط بر سر لحاف پارهٔ آنان است. این بود که خود را باخته بودند و از وحشت دست و پای خود را گم کرده بودند.

وحشت و اضطراب هنوز بسوی جنوب شهر میدوید. ولی هُو پیچیده بود که سر کوره‌ها را بمباران کرده اند ! مردم گیج شده بودند — پس به کجا فرار کنند ! ؟

موج ترس از سر تمام محله‌های شهر گذشت. در خانه‌ها بسته شد. پرده‌ها را انداختند. بیشترمردم حتی نمیدانستند در برابر این خطر پوچ چگونه بدفاع بپردازند. یکماه پیش اوراق برای تعلیم طرز دفاع در مقابل خطرات هوائی از طرف دولت منتشر شده بود ، ولی کی سواد داشت؟ و آنها هم که سواد داشتند کجا حال اینکارها را داشتند ، ایندسته از مردم همگی در مقابل اینهمه هیاهو هیچگونه عکس‌العملی نشان نمی‌دادند ، فقط مات وصاعقه‌زده باقی می ماندند و شاید هم زبانشان بند میآمد. . . .

جلال آل‌احمد : قسمتی از «تجهیز ملّت»

از مجموعهٔ : دید و بازدید

Jalāl Āl-i Aḥmad, part of the 'Tajhīz-i Millat' ('Mobilizing the People'), from the collection *Dīd u Bāzdīd* (*The Exchange of Visit*), pp. 66–8 (Tehran, 1324/1945). See *Modern Persian Prose Literature*, pp. 125–6.

از مدیر مدرسه

دیگر دنیا بکام ناظم بود . درست باندازهٔ حقوق دولتی‌اش اضافه کار میگرفت . آنهم فقط از یك مشتری . هر روز صبح چشمهایش چنان برق میزد که گمان می‌کنم هنوز عکس همهٔ تجمل‌ها و زر و زیورهای خانهٔ آن یارو را میشد در آن دید . حال مادرش هم بهتر بود و از بیمارستان مرخصش کرده بودند و بفکر زن گرفتن هم افتاده بود و می‌گفت مادرش از بیمارستان در نیامده راه افتاده است و این در و آن در دنبال دختر میگردد . و اصلاً مثل اینکه فکرش بکار افتاده باشد ، هر روز نقشهٔ تازه‌ای می‌کشید : برای خودش یا برای مدرسه و حتی برای من . یك روز آمد که چرا ما خودمان «انجمن خانه و مدرسه» نداشته باشیم؟ نشسته بود و حسابش را کرده بود ، دیده بود پنجاه شست [شصت] نفری از اولیاء اطفال دستشان بدهنشان میرسد ، و از آنکه به پسرش درس خصوصی میداد هم قولهای صریحی گرفته بود . حالیش کردم که مواظب حرف و سخن اداره‌ایها و حسادتهای همکارهایش باشد وهر کار دلش میخواهد بکند . کاغذ دعوت را داد برایش نوشتم با آب و تاب تمام و پیزرهای فراوان و القاب ، و خودش بُرد ادارهٔ فرهنگ داد ماشین [1]

[1] machine.

کردند و بوسیلهٔ خود بچه‌ها فرستاد. و جلسه با حضور بیست و چند نفری از اولیاء اطفال رسمی شد. از هفتاد نفر دعوت کرده بود. و خیلی کلافه بود که چرا ما ملت آنقدر مهمل و بی فکریم و من حالیش کردم که لابد دعوت نامه بوی اخاذی می داده است.

خوبیش این بود که پاسبان کشیك پاسگاه هم آمده بود و دَمِ در برای همه پاشنه‌هایش را بهم می‌کوفت و دستش را بالا می‌برد و معلم ها گوش تا گوش نشسته بودند و قلمبه حرف میزدند و مجلس ابهتی داشت و ناظم چای وشیرینی تهیه کرده بود و چراغ زنبوری کرایه کرده بود و باران هم گذاشت پشتش و سالون[1] برای اولین بار در عمرش به نوائی رسید. سر و صدائی وجمعیتی و بُروبیائی. یك سرهنگ بود که رئیسش کردیم و آن زن را که هفته‌ای یکبار بمدرسه سر میزد نائب رئیس. و لابد جناب سرهنگ قند توی دلش آب میکرد. یك پیرزن هم بود که باصرار جناب سرهنگ صندوقدار شد وناظم هم منشی انجمن و یکی دوتای دیگر هم اعضای علی‌البدل و صاحب مقامهای دیگر. وقتی فقط یك مدیر مدرسه باشی و کنار گود بنشینی و مقام پخش کنی عالمی دارد! و با چه دست و دل بازی! و همه خوشحال وخندان. خودم را اصلاً کنار نگهداشتم. همان مدیریت برای هفت پشتم کافی بود. آنکه ناظم به پسرش درس خصوصی میداد نیامده بود. اما پاکت[2] سربسته‌ای باسم مدیر فرستاده بود که فی‌المجلس بازش کردیم. عذر خواهی از اینکه نتوانسته بود «بفیض حضورمان نائل» بشود، و وجهٔ ناقابلی جوف پاکت. صد و پنجاه تومان. چراغ اول. پول را روی میز صندوقدار گذاشتم که ضبط و ربط کند. نائب رئیس بزك کرده و معطر شیرینی تعارف میکرد و معلم‌ها با هر شیرینی که برمیداشتند یك بار تا بناگوش

[1] saloon. [2] paquet.

سرخ میشدند و فراش‌ها دست بدست چای می آوردند. در آن گرماگرم کسی بفکر مدیر مدرسه نبود. و من احساس میکردم که حسابگر شده‌ام و عاقبت اندیش، و شاد از اینکه کنار گود نشسته‌ام. درین فکر ها بودم که یك مرتبه احساس کردم سیصد چهار صد تومان پول نقد روی میز است و هشتصد تومان هم تعهد کرده بودند.

پیرزن صندوقدار کیف همراه نداشت ناچار حضار خودشان تصویب کردند که پولها فعلا پهلوی ناظم باشد و «ما و شما ندارد و مراتب اعتماد واطمینان» و صورت مجلس مرتب شد و امضاها ردیف پای آن و آخر از همه خود من و مجلس بخیر و خوشی تمام شد، و فردا فهمیدم که ناظم روی خشت نشسته بوده و بمعلم‌ها سور داده بوده است.

اولین کاری که کردم رونوشت صورت‌مجلس آن شب را برای ادارهٔ فرهنگ و کارگزینی کل و «ادارهٔ کل امور اجتماعی وزارتخانه» و برای خیلی جاهای دیگر فرستادم. درست با محافظه‌کاری یك مدیر مدرسه. و بعد همان استاد نجّار را صدا زدیم و دستور دادیم برای مستراحها دو روزه در بسازد که ناظم خیلی بسختی پولش را داد، و بعد هردو کوچهٔ مدرسه را درخت کاشتیم، و تور والیبال(۱) را عوض کردیم و توپهای متعدد و هر روز عصر تمرین، و آمادگی برای مسابقه با دیگر مدارس و در همین حیص و بیص سر وکلهٔ بازرس تربیت بدنی هم پیدا شد و هر روز سرکشی و بیا و برو و شلوغی شده بود که نگو و نپرس. . . .

جلال آل‌احمد: مدیر مدرسه

Jalāl Āl-i Aḥmad, *Mudīr-i Madrisa* (*The Headmaster*), pp. 132–6 (Tehran, 1337/1958). See *Modern Persian Prose Literature*, pp. 125–6.

(¹) volleyball.

15

صادق چوبك

Ṣādiq Chūbak became widely known with the publication of his first book, *Khayma Shab-bāzī*, and is now regarded as one of the leading writers of modern Iran. As a dedicated and painstaking artist, Chūbak's treatment of detail suggests the intricacy, combined with boldness of conception, of Persian miniature painting. He usually finds his heroes in the lowest depths of society, but even there he is not drawn to commonplace sights, for his microscopic eyes catch only the ugliest and most repellent aspects of life.

In *Tangisīr*, a true story witnessed by the author in his birthplace during childhood, Chūbak's conscientious craftsmanship is vividly displayed. Here, as in most of his other works, he shows a moving insight into human nature, the result of his gift to observe and come to a proper understanding of his subjects, as well as a capacity to identify himself in thought and feeling with his characters.

His most recent published work, *Sang-i Ṣabūr*, is a landmark both in his literary career and in the development of modern Persian literature. Besides the intricate texture of the narrative and a derisive language that bites and scorns throughout, Chūbak has used many new ideas in the style and characterization of this unusual novel and in the unfolding of its morbid plot. In spite of the mixed reception the book has so far received in Iran, there is little doubt that the modes of expression boldly employed in this work will open new horizons to Persian writers.

منتخباتی از 'مسیو[1] الیاس'

. . . این آمیرزا محمودخانِ ما خیلی نقل‌ها دارد که اگر انشاءالله فرصت شد در موقع خودش همه را برایتان تعریف میکنم. حالا در اینجا فقط میپردازم بشرح شمّه‌ای از اخلاق معمولی و جبلّی او که میتوان گفت بین همقطاران خودش و شاید بین مردم دیگر کمتر کسی دارای چنین اخلاقی بُود. آدم باین خوبی و سر براهی یك عیب بزرگ داشت که اطرافیانش بهمین علت ازش فراری بودند. زنش بیچاره و دخترهایش از زندگی بیزار شده بودند. این آقا در تمام مدت بیست و چهار ساعت برای مردم غصّه میخورد. و غصّه خوردن بیجهت برایش یك عادت ثانوی شده بود. . . .

آمیرزا محمودخان در منزل حاج علیمحمد عبافروش دو اتاق [اطاق] رو بقبله اجاره کرده بود که زمستان خوب و تابستان جهنمی داشت. . . . تمام اتاقهای این خانه باجاره رفته بود، مگر یك اتاق یکدری که گوشهٔ حیاط، بغل چاهك بوگندوئی بود. . . .

تنگ غروب یکی از روزهای خفهٔ مرداد، آمیرزا محمودخان دم درِ خانه ایستاده بود و به رفت و آمد مردم تماشا میکرد. رویهمرفته آنروز کیفور بود، چونکه جمعه بود و از صبح از خانه بیرون نرفته بود که موضوع تازه‌ای برای غصّه خوردنش پیدا کند. دم در ایستاده بود و بلباس‌های رنگارنگ زنها که خیابان را رنگ آمیزی کرده بودند نگاه میکرد. اینهم یك خوبی تابستان است که لباس نازك پوشیدن، مخصوصاً زنها را یك پله به برهنه بودن نزدیك میکند. زنها، دخترها، بچه‌ها، با لباسهای رنگ وارنگ میگذشتند و آمیرزا محمودخان از دیدن آنها لذت میبرد. اما او

[1] monsieur.

هیچوقت خیال بد بدلش راه نمیداد. چونکه دو دختر نورسیده و ملوس داشت که خیال آنها کافی بود این جور فکرها را از سر او بیرون کند. اما این خوشی و تفریحی بود که برایش خیلی بی مایه و بی خرج تمام میشد.

آمیرزا محمودخان همانطور که مردمرا تماشا میکرد خیال داشت قدم زنان برود درِ دکان مشهدی حسین میوه فروش یکدانه هندوانه بگیرد ببرد خانه بدهد بچه‌ها بخورند، که ناگهان دید یك گاری اسباب کشی برابر منزلش ایستاد. آمیرزا محمودخان اول خیال کرد که گاریچی جارا عوضی گرفته — چونکه بخوبی میدانست که در خانه حاج علیمحمد عبافروش اتاق خالی نیست که مستاجر تازه بیاید....

همینکه گاری ایستاد یکنفر دوچرخه سوار هم عقبش رسید و ترمز[1] کرد و گفت: «همینجاست».

اسباب بار چرخ بقدری فکسنی و اسقاط بود که در نظر اول معلوم نبودچه چیزها هستند. یك گونی وصله دار ذغالی و یك کرسی که چند بالش پاره ویك لحاف کرسی شله و بعضی خرت و خورت دیگر تویش چپانده بودند، ویك سماور[2] حلبی و یك آفتابهٔ بدون دسته و چند پیت خالی و دو تا پسر بچهٔ شش هفت ساله و یك زن جوان که بچهٔ شیرخواره‌ای مثل کَنِه به پستانش چسبیده بود و آنرا مِك میزد، پیش از سایر اسباب ها تو ذوق میزد.

وضعیت اسف آور این خانواده که رئیس آن تازه از یك دوچرخهٔ فکسنی پیاده شده بود آمیرزا محمودخان را فوراً بیاد زیر زمین بغل چاهك انداخت. یکپارچه آتش شد. دود از مغزش بلند شد، و فوراً شروع کرد به غصه خوردن. اما حالا خودمانیم که آمیرزا محمودخان کاملا حق داشت که برای این خانواده غصّه بخورد. چونکه واقعاً نکبت از سر و رویشان میبارید....

(1) tormóz (Russian). (2) samovar (Russian).

آمیرزا محمودخان درست حدس زده بود. در یك چشم بهم زدن اسباب مختصر گاری بزیر زمین بغل چاهك ریخته شد. خود رئیس خانواده اسبابها را بغل میزد و میبرد و میگذاشت و برمیگشت و باز میبرد. چون دیگر چیزی نماند پس از دعوای مفصلی با گاریچی و فروختن ننه و بابای همدیگر، خبری از آن خانواده نشد. همشان رفتند توی اتاق بغل چاهك، خیلی بیچاره وار و مظلوم، بدون آنکه با احدی کاری داشته باشند، گرفتند خوابیدند و در بروی خودشان بستند.

دیدن قیافهٔ آمیرزا محمودخان وقتیکه وارد اتاق خودشان شد تماشائی بود. صورتش رنگ نیل شده بود ورگ های توی پیشانیش بکلفتی یك انگشت باد کرده بود. موهای سفید ریش و سبیلش سیخ شده بود. دخترهایش با آنکه آنجور قیافه‌ها را از پدرشان زیاد دیده بودند، با وجود این از ترس نفسشان بند آمده بود. طیّبه خانم زنش، همانطور که توی آستانه مُشرف بحیاط روی گلیم پاره‌ای نشسته بود و دیگ آبگوشت بزباش روی منقل فرنگی جلوش میجوشید، نگاه سرزنش آمیزی بشوهرش کرد، و هم با آن نگاه پرسید: «دیگر چه شده؟»

فریاد آمیرزا محمودخان بلند شد: «رحم و مروّت از این مردم گرفته شده. هیچکس بفکر کسی نیس. ببینید خدا را خوش میاد که اطفال معصوم تو این هُلُفدونی زندگی کنن....

طیّبه خانم عاصی شده بود. دیگر طاقت نداشت بیشتر از این ورّاجیهای شوهرش را گوش بکند. از توی آستانه بلند شد و آمد وسط اتاق ایستاد. دستهایش را بحالت تهدید بطرف او حرکت داد و گفت: «خوبه، خوبه، قباحت داره. مگه ما چه گناهی کردیم که باید از دس توشب و روز نداشته باشیم. مگه ما خودمون چی داریم که باهاس همش غصّهٔ مردمو

بخوریم. تو خودت سی چهل ساله نوکریِ دولت میکنی کدوم یشاهی سنّار کنار گذاشتی. دخترات لختن، کفش پاشون نیس. لباس تنشون نیس. یه چمدون حموم ندارن. کسی که دوتا دختر رسیده تو خونشه.... بیا! همین دیروز ننه خجسته اومده میگه از خونیه حاجی حریر فروش میخوان واسیه دخترات خواسگار بفرسن. (بشنیدن اسم خواستگار هر دو دخترها بلند شدند و از اتاق بیرون رفتند.) اما من گفتم: مبادا همچو کاری بکنی. حالا باشه تاخودم خبرت کنم، برای اینکه میدونسم این بیچاره‌ها یه دس لباس حسابی ندارن که تنشون کنن و جلو دلّاله بیان.

آمیرزا محمودخان چشمانش را بکف اتاق دوخته بود و بر خلاف همیشه صدایش در نمیامد. موضوع خواستگاری دخترهایش اورا تکان داد و کاملاً برایش تازگی داشت. پیش خودش فکر میکرد که حالا که میخواهد دخترهایش را شوهر بدهد هیچ از مال دنیا ندارد که بآنهابدهد. و چون فکر کرد که ممکن است دخترهایش بواسطه نداشتن جهیز تا آخر عمر بیخ ریششش بمانند لرزشی در پشتش حس کرد.

صبح آمیرزا محمودخان آرام و بیصدا بود. همه دور سماور نشسته و مشغول خوردن ناشتائی بودند. آمیرزا محمودخان چشمانش را به زمین دوخته وخجالت میکشید بدخترهایش نگاه کند. حس میکرد درحق آنها کوتاهی کرده. از این غصّه دلش مالش گرفته بود. درین بین گُلین خانم با قلیان نارگیلی که زیر لبش بود وارد اتاق آنها شد....

گلین خانم همانطور که کجکی توی آستانهٔ در نشسته و نارگیل بزیر لبش بود و دود میکرد گفت: «شمارا بخدا ببینین روزگار مابکجاها کشیده. آدم چیزهائی میشنفه که شاخ در میاره....»

آمیرزا محمودخان که گوش بزنگ شنیدن یك واقعه غم انگیز بود که

فوراً برایش اشك بریزد و غصّه بخورد، مثل خروسی که از پشت دیوار صدای خروس همسایه را شنیده باشد، سرش را شق بلند کرد و نگاهی از پهلو به گلین خانم انداخت و از روی همدردی با صدای نازکی پرسید : «گلین خانم ! خیر باشه. چه شده؟»

گلین خانم با صدای کُلُفت باباشملی جواب داد : «چی میخواسین بشه ! مارو فروختن ! مثه زرخریدا، مثل حلقه بگوشا. دیگه تموم شد... این جهود ورپریدهٔ دیروزی نبود که دیشب خبر مرگش اومد اتاق بغل چاهکو گرفت، صب اومده میگه خونه رو از حاج علیمحمد خریده نمیدونم چن صد هزار تومن. قبالشم در آورد که دادیم زن خیاطه خوند و دُرس بود. میگفت ما باهاس اجاره روماه بماه باون بدیم. خود شونم میخوان تابستونی تو همون هلفدونی بمونن....»

درین بین گلین خانوم ندانسته و از روی غیظ حرکتی کرد و دستش خورد به سر قلیان و ریخت رو تنها فرش ترکمنی که آمیرزا محمودخان از پدرش ارث برده بود. دخترها وطیّبه خانم از جاپریدند و هولکی بکمك گلین خانم مشغول جمع کردن آتش‌ها از روی فرش شدند. آمیرزا محمود خان از جایش تکان نخورد و چشمانش را به قوری بندزده روی سماور دوخته بود. کاردش میزدی خونش در نمیآمد.

اما هیچکس نفهمید که چطور شد که با آنکه آمیرزا محمودخان آنقدر زیاد بآن قالیچه ترکمنی علاقه داشت از جایش تکان نخورد و در جمع کردن حَب‌های آتش بازن و دخترهایش و گلین خانم کمك نکرد.

صادق چوبك : «مسیو الیاس»

از مجموعهٔ : خیمه شب بازی

Ṣādiq Chūbak, 'Musū Ilyās' ('Monsieur Ilyas'), from the collection *Khayma Shab-bāzī* (*The Puppet Show*), pp. 86–96 (with omissions) (Tehran, 1324/1945). See *Modern Persian Prose Literature*, pp. 127–30.

از تنگسیر

هوای آبکیٔ بندر همچون اسفنج آبستنی هُرم نمناك گرما را چکه چکه از تو هوای سوزان ورمیچید و دوزخ شعله‌ور خورشید تو آسمان غرب یَله شده بود وگردی از نم برچهره داشت. جاده «سنگی» کشیده و آفتاب تو مغز سر خورده و سفید و مارپیچ از «بوشهر» به «بهمنی» دراز رو زمین خوابیده بود. جادّه خالی بود. سبك بود. داغ و خاموش بود. سفیدی آفتاب بیابان با سایهٔ یك پرنده سیاه نمی شد.

«کُنارمُهنّا» گَرد گرفته و سوخته و خاموش با برگهای ریز و تیغ های خنجریش برزخ و خشمگین کنار جاده نشسته بود. همه میدانستند که این درخت نظر کرده است و هرکس از پهلوی آن می‌گذشت، چه روز وچه شب، بسم‌اللهی زیر لب میگفت و آهسته رد می‌شد. این «کُنار» خانهٔ اجنّه و پریان بود که خیلی از مردم بوشهر قسم میخوردند که عروسی وعزای پریان را در میان شاخه‌های آن به چشم دیده بودند.

سایهٔ پهن تب دار «کُنار» محمد را به سوی خود کشید و نیزه‌های سوزندهٔ خورشید را از فرق سر او دور کرد. پیراهنش به تنش چسبیده بود و از زیر ململ نازکی که به تن داشت موهای زِبر پرپشت سیاهش تو عرق تنش شناور بود. تو سایهٔ «کُنار» که رسید ایستاد و به نیزه‌های موئین

خورشید که از خلال شاخ و برگها تو چشمش فرو می‌رفت نگاهی کرد و بعد کُندهٔ کلفت پر گرهٔ آنرا وَرانداز کرد و گرفت نشست بیخ کنده‌اش و به آن تکیه زد. یك برگ تکان نمی‌خورد. سایهٔ خفهٔ سنگین «کُنار» رو دلش فشار می آورد.

بیخ ریشهٔ موهای سرش می سوخت و مغز استخوانش میجوشید. کلاهش را که از برگ خرما بافته شده بود و لبه نداشت، از سرش برداشت وگذاشت روزمین. سرش را خاراند و ماسه‌های نرم که لای موهاش بود زیر ناخنهایش نشست. نگاهش تو شاخ و برگ «کُنار» کَند وکو میکرد. می‌خواست ببیند آیا برگی تکان میخورد یانه. هوا داغ و سوخته بود. شعاع خورشید از پشت روبندهٔ نم، مانند شعلهٔ جوش اکسیژن[1]، تو نی‌نی چشمانش می‌نشست. دلش میخواست شمال بوزد و باد خنکی بدلش بخورد. هُرم سوزان خورشید و ذرات غلیظ نم تو هوا، توهم غوطه میخوردند ومی‌جوشیدند و او دلش می‌خواست هرچه نم تو هواست دود شودو بهوا رود.

پیراهن رو تنش سنگینی می کرد. آنرا کند. پوست برشتهٔ تنش از زیر موهای زِبر پرپشتش نمایان شد. پوست تنش رنگ چرم قهوه‌ای سوخته بود—تکه چرمی که سالها تو صحرا زیر آفتاب و باران افتاده و دیگر چرم نیست و سفال است. هیچکس سر در نمیاورد که این آدم چرا اینقدر پشم آلود است. تنش مثل تن خرس بود. پشم آلود بود و بو عرق هیچوقت از تو تنش در نمیرفت.

پیراهنش را توی مشت‌های گنده‌اش فشرد. شُری عرق روی خاك ریخت. خاك تشنه، لب ورچید و عرق‌ها را بلعید. آنوقت پاشد پیراهنش را تکانی داد و بردش و آنطرف سایهٔ «کُنار» آفتابش کرد و برگشت و باز

[1] oxygen.

سر جایش زیر «کُنار» نشست. یك شلوار چلوار که تا مچ پاهاش بود بالیفهٔ زُمخت برجسته به تنش ماند. پاهاش برهنه بود. کونهٔ پاش زیر کوره گم شده بود. اندامی گُنده داشت. مثل غول بود. هیچکس تو جاده نبود. تنهای تنها بود و گنده بود و سیاه سوخته بود و داغ بود و تشنه بود و برزخ بود.

زانوهایش را تو بغل گرفت و به مورچه سوارئ درشتی که می کوشید سوسك نیمه‌جانی را به دنبال خودش بکشد خیره ماند. گرما کلافه‌اش کرده بود. به هیچ چیز فکر نمیکرد. فکرش خوابیده بود. سوسك گنده وسیاه و برّاق بود. قد یك خرما بود. مورچه سواری بجان کندن آنرا دنبال خود می کشید. هردَم یك جای آنرا میچسبید و وِل میکرد و باز می کشید. سوسك هنوز رمقی داشت و شاخك‌هایش تکان میخورد و مورچه شاخك هایش را گاز می گرفت. و سوسك، پاهایش میپرید و تنش تکان نمی خورد. مورچه هرجای تن او بدندانش می‌رسید آنرا گاز می‌زد و می کشید. مورچه حریص و شتابزده و گرسنه بود.

یك مورچه سواری دیگر، دوان و پرشتاب از راه رسید و هولکی سوسك را گاز زد و طرف دیگر کشید. هر دو مورچه بهم پریدند و سوسك بی‌حال رو زمین خشکش زده بود و محمد به آن نگاه میکرد و پوست تنش می سوخت و نمیدانست چکار کند. باز مورچه‌ها به لاشهٔ غش کردهٔ سوسك برگشتند و آنرا گاز زدند و رو خاك کشیدندش. دوباره باهم جنگشان شد و سخت بهم افتادند و پیچ و تاب خوردند و بعد یکی از آنها راست ایستاد وتندی افتاد و آن مورچهٔ دیگر چرخ تندی زد و رفت سراغ سوسك. و آن مورچه که افتاده بود رو زمین تو خودش میپیچید و دور خودش حلقه زده بود و بادندانش تهٔ خودش را گاز میگرفت و تنش که برّاق بود خاکی شده

بود. و نمی توانست پاشود. و آن مورچهٔ دیگر سوسك را رو زمین می
کشید و می برد.

باز هم مورچه‌های دیگر اینطرف و آنطرف در تکاپو بودند. هولکی بهم
میرسیدند و شاخك‌هایشان تو شاخك هم می‌رفت و سلام و احوالپرسی
میکردند، یا بهم بد و بیراه می‌گفتند و تندی رد می شدند. و محمد نگاه
میکرد و دلش می خواست از آنجا پاشود برود دنبال کارش. . . . .

صادق چوبك : تنگسیر

Ṣādiq Chūbak, *Tangsīr* (*Native of Tangistan*), pp. 9–14 (Tehran, 1342/
1963). See *Modern Persian Prose Literature*, pp. 127–30.

16

محمد اعتمادزاده (به آذین)

Muḥammad I'timādzāda, who publishes under the name of Bih Āẕīn, is more famous as a skilful translator of European classics than as a writer. In his own works he has shown considerable ability in introducing original material and probing deeply into sociological themes.

The *Naqsh-i Parand* is a collection of short stories and sketches in which, as in other prose works of this author, poetical lyricism, clarity, and exactitude in the choice of words stand as an example of how Persian can be written with simplicity, and at the same time with beauty and grace.

'چشمه و دریا'

چشمهٔ نازکی آهسته و شرمگین از کمرهٔ کوه بیرون جست، و با چشمان ترسناك بهر سو نگریست. جهانی بس فراخ و بزرگ دید. نرم‌نرمك بتماشا رفت. گاهی هراسان در پس سنگها پنهان شد، و زمانی شتاب‌زده نگاهی بآسمان نیلی افکند. کم کم دلیرتر گشت و نیروی زندگی در او بجوش آمد. شادان و زمزمه کنان از دامن کوه فرو ریخت.

جامهٔ سفید و پرچینش روی زمین میکشید، و تازگیهای جهان در چشم شگفت زده اش میدرخشید.

خورشید، چون دختران نورسیده، در آئینهٔ صاف چشمان او چهره خویش بنگریست، و خرسند لبخند گرمی نثار او کرد.

باد، چون دایگان، گیسوان پر شکنش را بنرمی شانه زد وگفت: «به به! تو چه زیبائی!»

ماه و ستارگان او را ببزم شبانه‌شان خواندند، و در راهش نُقل ژاله افشاندند.

گل و سبزه برراهش صف بستند، و باجامه‌های رنگین و چشمان پر امید در برابرش رقصیدند.

مرغان خوش آواز بدیدنش آمدند، و خوشترین ترانه‌های خودرا در مجلس او سرودند.

آهوان دشت، تازان و نفس زنان، از راه رسیدند و چهرهٔ تازه و خنك اورا بوسیدند، و داستان عشق و تکاپوی جوانی را آهسته در گوش او گفتند.

او نازنین و خرامان میرفت و خوب و بد را بمهربانی و خوشروئی میپذیرفت.

خود نمی دانست بکجا رهسپار است و تنها لذت زندگی را در گردش وتماشا میدید.

از هرکس می شنید که زیباست، و همه تازگی و شادابی اورا می ستودند. دیگر او نیك میدانست که چه فتنه‌ای است، و بهمین خرسند بود که همه دلباختهٔ اویند. بهیچکس دل نمیداد، و کسی را هم از خود نمیراند. پیوسته خنده و شوخی میخواست، و همه بسازاو میرقصیدند.

بهار بود و باد دَمِ گرم و پر وسوسه‌ای داشت. امیدها و آرزوها، چون دانه که در زیر خاك نهفته باشد، در دل او بجنبش آمدند و هرچند گاه چشمان روشن و زیبنده‌اش را تیره کردند. او میگفت و میشنید و قهقهه میزد، ولی دمبدم تلخی دلنشینی در کام خود مییافت، و باز نمی خواست بداند که دردش چیست. گمان میبرد که سخنان فریبندهٔ باد و بوسه‌های

آتشین خورشید میتواند تشنگی جانش را فرو نشاند. بیخیال با همه ناز ودلبری میکرد، و از هیچ آمیزشی باك نداشت. سرانجام دانست که در میان همه تنهاست، و از صحبت این و آن جز آلودگی حاصلی ندارد.

اما او همچنان دلپسند و زیبا بود، و زندگی با او بکام هرکس گوارا مینمود.

هنوز گفتار شیرین و لبان خندان داشت، ولی چشمان روشنش آرزومندانه همسری میجست.

روزی، از پس درختان، آواز خندهٔ مستانه‌ای شنید. جویبار کوچك ولی زورمندی را نزدیك خود دید که با پیشانی روشن و لبان شاداب رقص‌کنان میرفت. دزدانه نگاهش کرد و با خود گفت: «اگر او مرا نخواهد چه زندگی تلخی خواهم داشت!» سپس آهی کشید و سر بزیر افکند و راهٔ خویش گرفت، ولی از گوشهٔ چشم مراقب او بود.

جویبار هم ناگهان چشمش بدو افتاد. از خوبی و برازندگی او خیره گشت و دهانش باز ماند. آهسته پیش آمد، و شرمنده سلامی کرد و گفت:

«جانا! چه بسا که پیش از من زیبائی تو را ستوده‌اند، و شاید هم سخن دیگران از گفتار من فریبنده‌تر بُود. ولی، بی شك، هیچکس با دلی پاکتر وزبانی آشناتر ترا جان عزیز خود نخوانده است.»

این سخن چون موسیقی سحر انگیزی در گوش جانش فرو میرفت، ونیروئی آسمانی آندو را بهم نزدیك میکرد.

پایشان از مستی آرزو سُست گشت، و پِلکشان از شرم سنگین شد، وپیشتر از آنکه خود بخواهند لبانشان بهم رسید.

ازاین پس چون شیرو شکر بهم درآمیختند، و دست در دست هم از دشت ها و بیشه‌ها گذشتند. بآسمان و ستارگان خنده زدند. از ماه سیم و از خورشید

زر خواستند. از پستان ابر شیر نوشیدند، و افسانهٔ عشق با باد در میان نهادند. نکته های دلبری و رعنائی بگلها و درختان آموختند، و جانوران زمین را به نواله‌ای شادکام ساختند.

زندگانی را از دریچه چشم هم نگریستند، و آنرا سخت زیبا و پرستیدنی یافتند. به نیروی جوانی و نشاط عشق بجستجوی دشواریها رفتند، و سختی‌ها را ببازی گرفتند، و هرجا که دست روزگار سنگی در راه کوشش و آرزوی مردان نهاده بود، از پای ننشستند تا از پایش در آوردند.

این همه نیرو، که بگمان خویش ببازی صرف میکردند، ده و صد برابر بدیشان باز میگشت. از گوشه و کنار بپرچم ایشان می پیوستند، و دور ونزدیك از ایشان داوری میجستند.

روز بروز دامنهٔ قدرت و سروریشان گسترده‌تر میشد. زمین و جانور وگیاه سر نیاز در پایشان مینهادند. و دهقانان چالاك و شهریان هنرور با صد امید بدرگاهشان میشتافتند. تا آنکه آستانشان پناهگاه انجمن شد، وفرمانشان برهمه نافذ گشت. غرور کامرانی و مستئ فرمانروائی اندك اندك شادابی و صفای جانشان را به سنگینی و خیرگی بدل کرد، و زبونی و ترس نزدیكان بر خودکامی و خودسریشان افزود. و ایشان، بهوای دل خویش، روزی گروهی را بلطف نواختند، و زمانی دسته‌ای را بخواری درهم شکستند. نه لطفشان پایدار بود، و نه خشمشان دلیلی داشت. گاه کمترین رنجشی ببهای جانی تمام میشد، و گاهی نیز ناچیزترین خدمتی را بخشش بیحساب در پی بود. رخسارهٔ تیره و دهن کف‌آلود و پیشانی پرچینشان زهرهٔ دلیران آب میکرد، و زهر نومیدی درکام دلها میریخت.

کس را در کنار موجهای سرکش هوسهایشان ایمنی نبود، و خشمشان بر دوست و دشمن ابقا نمی نمود.

زمان با قدم آهسته و چشم بیباك بر ایشان میگذشت، و با لبخند زهرناك بر آنها مینگریست و چیزی نمیگفت. ایشان هم آسوده‌دل و مغرور میرفتند، و جهانرا بر خود مسلم میدیدند. ولی، اندك اندك، پنجهٔ توانای سرنوشت بر پیکر آنها نیز سنگینی نمود، وآهسته آهسته، مانند شمعی که بآخر رسد، از شور جوانی وجوشش زندگیشان کاست، و آتش آرزوهای خودسرانه در وجودشان سرد گشت. دلشان از تکرار خوشیها و آسانی پیروزیها خسته شده و پای رونده شان گوئی از طلب بازماند. جان ملولشان از نیك و بد جهان بیزار گردید، و شادی دیگران هم در دیده‌شان بیهوده و حقیر آمد. تا بجائیکه سستی وفرسودگی هست و نیست را برایشان برابر ساخت.

دیگر یاد لذتهای جوانی کامشان را شیرین نکرد، و تکاپوی گذشته پیش افسردگی کنونی نابوده نمود.

آفتاب عشق در افق زندگیشان فرونشست، و جهان گوئی از معنی تهی گشت.

هر روز که بخستگی و گرانجانی بشب میرساندند، و هر شب که بترس ونگرانی بروز میآوردند، بار تازه‌ای بود که بردوش فرسوده‌شان سنگینی مینمود، و رفتارشان را کُندتر میکرد. ولی، هر چند که بدرازا کشد، باز میدانستند که سر انجام نزدیکست، و هر چه زود تر جنبش و آشوب زندگیشان یکسر فروخواهد نشست، و مانند حبابها که شتابان و غلغل کنان از تهٔ آب برآیند و هر یك ازپس دیگری قالب بترکانند و ناپدید گردند، ایشان هم روزی از خواب آشفتهٔ آز و ناز و پریشانی و کامرانی بیدار خواهند شد. اما فریب خوشیهای بی‌دوام و افسون آشنائیهای نابکام هنوز باندازه‌ای در ایشان کارگر بود که دل پیر و نادانشان از آینده هراسان باشد.

آتش لاغر زندگیشان پیش از خاموشی، زیر خاکستر خاطرات دور دست، بآخرین فروغ خود میدرخشید. خروش دریا چون نهیب مرگ بگوششان میرسید، و جان پشیمانشان مانند آهو بآوای شیر از آن میرمید.

آری، نه دل ماندن داشتند، و نه یارای دل برکندن. و نخستین بار که دریا را چون دیوی گرسنه و خشمگین بچشم خود دیدند که بهزار دست و پا بسویشان میخزد و باهزار دهان ایشانرا بخود میخواند، سردی وحشتناکی برهمهٔ اندامشان نشست، و دلشان از طپش باز ایستاد. سُست و کَرَخ برجای ماندند و خیره خیره در آن نگریستند. گوئی جادوئی در کار بود. چه کم کم آنرا پهناورتر از خیال و صافتر از خندهٔ روز و مهربانتر از بستر شب یافتند. از ناچیزی و آلودگی و ترس بیهودهٔ خود شرم بردند، و مانند کودک سرمازده‌ای که بدامان گرم مادر پناه برد در آغوش دریا سرنهادند و چشم فروبستند. هوششان رفته رفته بخواب فروشد، و همه چیز چون آسمان تابستان بهنگام ظهر پاك و روشن و یکنواخت و نامفهوم گردید.

دیگر ندیدند و نشنیدند و ندانستند، و حتی تلخی زهرناکی را که از نخستین بوسه‌های دریا در کامشان مانده بود یکسر فراموش کردند. هستی‌شان در هستی دریا محو گشت و اثری از آن بجا نماند، و از آن پس هیچ بیاد نداشتند که چیزی جز دریا بوده‌اند.

م. ا. به آذین : «چشمه و دریا»

از مجموعهٔ : نقش پرند

M. I. Bih-Āẕīn, 'Chashma u Daryā' ('The Spring and the Sea'), from the collection *Naqsh-i Parand* (*Silk Design*), pp. 43–51 (Tehran, 1334/1955). See *Modern Persian Prose Literature*, pp. 130–1.

17

تقی مدرّسی

Taqī Mudarrisī is a young writer whose literary debut in 1956 with a short novel called *Yakulyā va Tanhā'ī-yi Aū*, based on a biblical theme, made him famous. What impressed readers most was the psychological insight shown by the author—a medical student of only twenty-three—his concern for man's loneliness and with fundamental human problems.

Mudarrisī is now resident in the United States and has recently published a second novel, *Sharīfjān, Sharīfjān*, which drastically fell short of the standard he had set in the first. His first work will always remain important.

از یکلیا و تنهائی او

پادشاه درحالیکه «تامار» مست را در آغوش داشت بقصرش، بآن تالار وسیع که ستونهای سیاه و بلندش از هر طرف بآسمان کشیده می شد، برگشت. تامار را آرام روی نیم‌تخت گذاشت و از «حنا» خواست که سبدی از گلهای سفید برایش بیاورد و بعد همه را مرخص کرد.

شاه در تالار تنها مانده بود و تامار در روی نیم‌تخت خواب رفته بنظر میرسید. سبد بزرگی که حنا آورده بود و در آن گلهای سفید بحال اشتیاق دهان باز کرده بودند، کنار نیم‌تخت تامار فضا را معطر می‌ساخت. پیه سوز در گوشهٔ تالار لرزان و مضطرب می سوخت و شاه از پنجره شهر خواب رفته را تماشا می کرد.

لحظه‌ئی گذشت. لحظه‌ئی گذشت و پادشاه پنجره را رها کرد و بسوی تامار مست بازگشت. قدری با اعجاب و تحسین اورا نگاه کرد. آنگام بقدم زدن در میان ستونهای بلند پرداخت. اسرائیل ر ابیهای زنی فروخته بود ودر آن شهر «عسابا» فقط از او حمایت می کرد و عملش را بزیبائی می ستود. او می‌گفت: «زیبایی ارزش تمام جهان یهوه را تا اندازهٔ تخته پوستی پائین آورده و صانع از این موضوع اطلاعی ندارد.» بعد هم دست هایش را بهم می کوفت و پیش خود می گفت: «ای مقررات... قوانین...»

شاه باز در مقابل نیم‌تخت ایستاد. خم شد و پای تامار را که از نیم تخت آویزان بود بوسید. زانوزد، در مقابل تامار زانو زد، دستهایش را مقابل چشمان خود قرار داد و بسختی گریست. آنوقت آهسته گفت:

— ای محبوب من، ای ملکهٔ قلب پادشاه. آیا تو باندازه‌ئی شراب نوشیده‌ای که اینگونه مست در برابر من بیفتی و مرا نشناسی؟ نه! نمی دانم کنار دروازهٔ اورشلیم کی بگردن من آویزان شد. او شراب زیادی ننوشیده بود. من پادشاه اسرائیل — امروز مثل اینست که چشمهایم نمی بیند و گوشهایم با اصوات زمینی آشنا نیست. ای محبوب من، گوئی که سالهاست برای من حادثه‌ئی اتفاق نیفتاده و من هیچ خاطره‌ئی را نمی‌توانم بیاد آورم.

اوه، تو چقدر زیبائی؟ مثل نسیمی که بر روی آبها بوزد، آنگونه که روح یهوه سطح آبها را فرا گرفت، به تمامی روح من دست یافتی و در آن خیز وموج بوجود آوردی و اکنون اینطور مستانه وبی خیال خود را در آغوش بی خبری می اندازی.

پادشاه دستهایش را بروی پای تامار کشید و بنوازش آن پرداخت:

— نه تامار... من هنوز آنقدر احمقانه فکر نمی کنم که در برابر آنچه که

بمن دادی، در مقابل حُسن و لطافتت، از فراموشی تو شکایت کنم. بله همینقدر که بمن فرصت بوسیدن پاهای زیبایت را می‌دهی می‌توانم در مقابل آن از سلطنت اسرائیل چشم بپوشم.

تامار آهسته چشمانش را باز کرد و گفت:

— پادشاه، دلم گرفته. بیالبان مرا، دهانم را که اکنون با بوی شراب ملتهب است، ببوس.

پادشاه دستش را روی بازوان تامار کشید و گفت:

— ای موجود لطیف اینطور صحبت مکن! دور نیست که جسم من از هم بپاشد و در مقابلت مثل استخوان مردگانی که سالها از مرگشان گذشته باشد، به زمین بریزد.

پادشاه از میان سبد گل بزرگی را برداشت و همانطور که آنرا می‌نگریست گفت:

— این گل با دهان باز، مشتاقانه، انتظار صبح را میکشد. او عاشق سحر است. عاشق آن لحظه‌ئی که شبنم‌ها برای یك لحظه بوجود می آیند وبعد مثل روحی که در ناکامی بسوزد بخار می‌شوند و بجایگاه اصلی خود برمی گردند. بله، گل سفید عاشق سحر است ولی بعد چه می کند؟ در تمام گردش روز و شب فقط همان یك لحظه بگلهای سفید اجازه می‌دهد چند روز زندگی کنند. اما من که سحرم در کنارم غُنوده می‌خواهم فرار کنم. اگر قادر بودم روحم را بدریا می انداختم تا در میان تلاطم امواج خواب آلود آن چیزی احساس نکنم.

آنگاه گل سفید را روی چشم تامار گذاشت و برپشت آن بوسه داد. قطرات اشك از پَرِ گل بصورت تامار چکید، تامار از جای خود بلند شد وبپادشاه نگاه کرد. آنوقت آرام گفت:

— اگر چه اشك پادشاه را بر گونهایم احساس میکنم ولی آیا بدرستی چشمان اوست که می‌گرید؟

پادشاه آهسته سرش را تکان داد و گفت :

— آری، چشمان پادشاه می‌گرید. زیرا او در روی زمین تنها مانده.

تامار سینه‌اش را بشانهٔ شاه تکیه داد و صورتس را بصورت او چسباند. آنوقت بنوازش بازوان او پرداخت و گفت :

— نترس خداوند من. من ترا مسموم خواهم کرد. بیالبان مرا ببوس. آیا شراب نمی نوشی؟ تو دیگر چنین شبی را نخواهی دید. عقاب روی سرت بال کشیده و موهایت سفید شده‌اند.

آنگاه از جای خود بلند شد و بکنار حوضچه رفت و از آنجا کوزه‌ئی شراب با خود آورد. زمانی که بجلوی شاه رسید باو گفت.

— مرا نگاه کن. دست از این سودای وحشیانه و ناهنجار بکش. آیا در حسابها و فرامین تو نکتهٔ بدیعی بچشم می‌خورد که اینطور برای از بین رفتنشان عزا گرفته‌ای؟ من می‌دانم خداوند این قصر با یك یا دو کوزهٔ شراب دست از کوتاه فکری و ناچیزی نمی‌کشد. باید باو دریای شراب داد. دریا! هان محبوب من؟

کوزهٔ شراب را در مقابل پادشاه که روی نیم‌تخت بحال تفکر نشسته بود گذاشت و خودش در کنار او دراز کشید. آنوقت شروع بخواندن کرد :

مرا مثل خاتم بردلت و مثل نگین بر بازویت بگذار.

زیرا که محبت مثل مرگ زور آور، و غیرت مثل هاویه ستم‌کیش است.

پادشاه ناگهان دست روی دهان او گذاشت و مانع خواندن او شد. آنوقت نفسی را که در سینه حبس کرده بود به آرامی بیرون کشید و زیر لب گفت :

– اینطور آواز نخوان، لااقل برای پادشاه اسرائیل اینگونه اشعار را بزبان نیاور. هر چند از غزلهای سلیمان پادشاه اسرائیل باشد.

تامار آرام دستی را که بر دهانش بود بوسید. پادشاه مانند اینکه جانوری دستش را گزیده باشد آنرا کنار کشید. لحظهٔی در سکوت گذشت. بعد «میکاه» به آرامی خم شد و صورتش را بصورت تامار گذاشت و همراه با نفس سنگینی گفت :

– تو همهٔ چیز منی، همه چیز !

تامار انگشتان بلندش را بمیان گیسوان پیچیدهٔ پادشاه فروبرد وگفت :

– پادشاه شراب بنوش ! مرا بیشتر دوست خواهی داشت، آنقدر که جانت نیروی تحمل محبت مرا نداشته باشد. آنوقت از هم خواهی پاشید و این نهایت کمال تست.

– خواهم نوشید کبوتر من. در دستهای لطیف تو که مانند شیر سفیدند. بگذار جمعی بما لعنت بفرستند و نفرینشان تا لب گور همراه من باشد.

کوزه را برداشت و قدری شراب در کف دست تامار ریخت. آنگاه مثل اینکه بخواهد تعظیم کند در مقابل تامار خم شد و شراب را در کف دست او نوشید. وقتیکه چیزی در دست تامار نماند دست مرطوب اورا به لبان خود چسباند. تامار مانند طفلی می خندید. پادشاه به چشمان او نگاه کرد. همینکه لبخند اورا دید گفت :

– هان تامار؟ می خندی. پیش خود نمی گوئی پادشاه اسرائیل بچه

شده؟ چرا حتماً می گوئی ! عشق تو بر ارادهٔ من مَهار زده. شاید دور نباشد که دیوانه شوم . آنوقت چه خواهی کرد، ای شیطان مولك؟ اوه هیچ . . . فرار. . . فرار. . .

تامار بدون اینکه چیزی بگوید بازوی پادشاه را بوسید. شاه از جای خود بلند شد و گفت :

— تو برهمه چیز قادری، تو مافوق جهان قرار گرفته‌ای، ای زیباترین زنان عالم.

آنگاه سبد گل را از زمین برداشت و روی سینهٔ تامار خالی کرد. گلهای سفید در روی سینه او و نیم‌تخت پراکنده شدند واو فقط لبخندی زد. . . .

تقی مدرسی : یکلیا و تنهائی او

Taqī Mudarrisī, *Yakulyā va Tanhā'ī-yi Aū* (*Yakulya and Her Loneliness*), pp. 93–100 (Tehran, 1334/1956). See *Modern Persian Prose Literature*, p. 131.

18

علی محمد افغانی

'Alī Muḥammad Afghānī, the author of *Shuhar-i Āhū Khānum*, which appeared in 1961 and had an unusually favourable reception among Iranian critics, was completely unknown before the publication of his colossal novel. The book deals with the lives and destinies of a generation of Iranians now gradually passing away. The dominant feature is the plight of women. The narrative is a marvellous blend of objectivity and inevitability. There is very little that can be ascribed to the writer's imagination. One deficiency of the book is the occasional tendency of the author to pedantry and name-dropping, as if to demonstrate the total of his learning and worldly knowledge.

The same flaw, carried to an irksome extent, coupled with a zest for verbosity, mark the second novel of this author. The *Shād-kāmān-i Dara-yi Qarasū*, a study of rural life in Iran, has neither the descriptive power nor the skill of characterization of the first book.

منتخباتی از شوهر آهو خانم

بعد از ظهر یکی از روزهای زمستان سال ۱۳۱۳ بود. آفتاب گرم ودلچسبی که تمام پیش از ظهر بر شهر زیبای کرمانشاه نور افشانده بود باسماجتی هرچه افزونتر میکوشید تا آخرین اثر برف شب پیش را از میان بردارد. آسمان صاف و درخشان بود. کبوترهائی که در چوب‌بست شیروانی‌های خیابان لانه کرده بودند در میان مهٔ بی‌رنگی که از زیر پا و دور و بر آنها برمیخاست بالذت و مستی پر غروری بجنب و جوش آمده بودند، مثل اینکه غریزه بآنها

خبر داده بود که روزهای برف و باران سپری شده و موسم شادی وسرمستی فرارسیده است.

در خیابان همه چیز آرامش معمولی خود را طی میکرد، درشکه[1] ای که لكلِك‌كنان میگذشت، گذرنده‌ای که دستها را در جیب پالتوکرده، سر را بزیر افکنده بود و پیٔ کار و زندگی خود میرفت، فروشنده‌ای که در پسِ پیشخوانِ دکان مشتری را راه میانداخت، هیچیك در کار خود شتابی نداشتند. سنگفرش پیاده‌رو اندکی خیس بود و ناودانهای دیواری پنهانی زمزمه میکردند.

ردیف دکانهای باز و بستهٔ دو سمت خیابان، بادرهائی که رنگهای سبز وآبی پشت و روی آنها هنوز بخوبی خشك نشده بود، اگر نه برای گذرندهٔ معمولی که گرفتار اندیشه‌های خویش بود، بلکه برای نوآموز خردسالی که فارغ از هر غم و نگرانی ازخانه بسوی مدرسه میرفت منظرهٔ خوش و سرگرم کننده‌ای داشت. همه چیز خبر از یك جشن و احیاناً تعطیلی اجباری میداد.

بوی رنگ فضا را پرکرده بود و کسانی که با دکانها و مغازه‌ها سر وکار پیدامیکردند بدقت مواظب خود بودند که بدرها مالیده نشوند. رفتگران باحوصله و وظیفه‌شناسیٔ بی‌سروصدائی که ذاتی آنها بود، صندوقهای آشغال حاشیه خیابانرا از محتوی خود خالی میکردند تا با کامیون[2] ببرند وبیرون شهر بریزند. این صندوقها یکی از ابتکارات مردم‌پسند شهردار تازه وارد آنجا بود و رنگهای سبز و سفید و قرمز آنها در آن روشنائی خیره کنندهٔ بعد از ظهری زیبائی و شکوه شهر را دوچندان کرده بود.

پاسبانها، بالباسهای آبی سیر، پوتین وزنگار و چوب قانون واکس[3] زده کلاههای دولبه را تا روی ابرو پائین کشیده بودند، لبخند رضایت آمیز

[1] dorožki (Russian). [2] camion. [3] vax.

وپلیس‌مآبانه برگوشهٔ لب روی پاشنهٔ پا میچرخیدند، چشم میگرداندند و اینجا و آنجا را از زیر نظر باریك‌بین میگذرانیدند تا در شهر بزرگ و نسبتةً قابل‌توجه چیزی بر خلاف دلخواه نبوده باشد. . . .

در زندگیٔ شبانروزی خانواده این لحظه یکی از سعادت‌بارترین لحظه‌ها بود. حتی پیش از آن، از همان موقع که کلاغها دسته دسته از روی حیاط پر میزدند و بسوی مغرب میرفتند، هوا مژدهٔ شب، بخانه آمدن شوی وآرامش شبانه را میداد دل آهو غنج میزد، باشادی و شوری پنهانی در حیاط یا روی پلهٔ ایوان انتظار میکشید. سنگهای صاف پله گرمائی را که از آفتاب روز کسب کرده بودند، مثل محبت دل او بطور مطبوعی پس میدادند. ابرهای حاشیهٔ آسمان گلگون و بازی رنگها شروع میشد. تاریکی با روشنائی درمیآمیخت و خفاشی که زیر سقف ایوان لانه داشت دور حیاط بگشت میافتاد. بچه‌های او که شادی وگرمای زندگی در زیر پوستشان میجوشید، قاطی با همسالان خود آفتاب‌مهتاب بازی میکردند، در حیاط بزرگ از اینطرف بآنطرف میدویدند، یکدیگر را دنبال میکردند و بمادرکه تنها بود یا با زنی از همسایه‌ها صحبت میکرد پناه میبردند، پشت او قایم میشدند و پرِ چادرش را میکشیدند تا از هم فرار کرده باشند، جیغ میکشیدند، جست میزدند، جر میآمدند و مثل نسیم بهاری همه جا را از شادی و نشاط بیغش لبریز میکردند. باصدای سرفهٔ سید میران که اعلام ورودش بخانه بود، زنهای همسایه باطاقهای خود میرفتند، آهو چادرش را روی سر مرتب میکرد، با ادب و احترامی حساب شده، بی آنکه انتظار پاسخی داشته باشد، او را سلام میگفت، دستمال دستش را که میوه، تنقلات شب، یا دست‌کم سبزی خوردن بود میگرفت و بادلی گرم و خیالی آسوده برای تدارك شام، که

در شبهای زمستان همیشه پختنی بود ، باطاق یا آشپزخانه میرفت. و همهٔ این جریان نوای فرح بخشی بود از یك موسیقی پنهانی که زندگی دَمِ گوش زن خانه‌دار و خوشبخت زمزمه میکرد تا در اعماق روحش بنشیند و اورا از لذت بی‌نیازی و شادکامی سرمست سازد.

کامیابی و رونق کار مرد در خارج ، وظیفه شناسی پر شور، نظم و ترتیب وعلاقه زن در داخل خانه ، چنان کانون آرامش و آسایشی بوجود آورده بود که پرتوگرم و فروزانش گذشته از آدمها بر اسباب و اشیاء خانه نیز تابیده بود. . . .

وقتی «هما» ساعت کوچك بند طلائی را روی مچ بست و همراهٔ شوهر از مغازه خارج شد سید میران با خود گفت : — این خرجهاست که پدر آدم را در میاورد.

نگاهی بزن انداخت چهره‌اش چون گل شکفته شده بود. بکوشش آنکه دلش میخواهد مرد دست و دل باز و توانای خود را ببوسد درسایهٔ چادر لبها را غنچه نمود. موجی شگرف ازسعادت و خوشی روح مرد عاشق را در بر گرفت. از این بهتر چه پاداشی میتوانست وجود داشته باشد؟ دل محبوبهٔ خود را بدست آورده بود همین خود کافی بود. خرجهای تازه‌ای که برای او پیداشده بود بر بودجهٔ[1] محدود زندگی اش سنگینی میکرد. اما چاره چه بود. گل بی‌خار و نوش بی‌نیش تاکنون کجا بوده وکی دیده است؟ میبایست تحمل کرد و از دل و جان هم تحمل کرد. خسرو پرویز[21] خراج هفت سالهٔ ایران آنروزی را خرج یك گلوبند معشوقهٔ خود کرد ، یك ساعت بند طلا که چیزی معمولی بود و اغلب زنها داشتند. یکی از امپراطوران روم برای زنان حرمش استخری درست کرده بود که بجای آب شیر در آن روان بود ، تا در

[1] budget.

آن شنا کنند و پوست تنشان لطافت بهشتی خود را از دست ندهد، در مسافرتها و لشگرکشیها جزو موکب عظیم او هزاران ماده الاغ در حرکت بود تا در هر لحظه که خواسته شود شیر تازه در دسترس باشد. مردان قدرت و جلال از بهر زیبایان حرم خود چنین بودند. عشق زمینی که سهل است حتی عشقهای آسمانی و پرستش خدا و پیغمبر نیز پول میخواهد که خود را بنمایاند. از اینها گذشته او اگر برای چنان لعبت نازی که شرر دائمی در کانون وجودش افکنده بود پول خرج نمیکرد پس برای چه کسی خرج میکرد؟ آیا بدست آوردن آن اسکناسهای کوچك و بزرگی که گوئی از دم قیچی بریده میشدند برای او زحمتی داشت؟ خدا برکت میداد بدکان و بازوی کارگران ولیاقت شخصی خود او که روزی هفت تومان پولِ کار نکرده وبی خون دل عایدش میکرد. تا داشت و در میآورد چه باکی از ریختن و پاشیدنش بود. سعادت او بعد از بچه‌ها، که یك حقیقت از دست نرفتنی بودند، اینك در وجود هما خلاصه میگردید. این مسئله دیگر مثل آفتاب وسط آسمان برای او غیر قابل انکار بود. و از آنجا که دل به رشتهٔ مهر آن یار بسته بود هرکاری که از وی سیدید، بهانه‌های چپ و راستی که میگرفت، نقشه‌های کودکانه‌ای که برای تصاحب او میکشید، بنظرش دوست‌داشتنی و شیرین میآمد. قهرهای او سر تا بپا لطف بود. حتی کشیده‌هایش، بله کشیده‌هایش، عوض درد لذت خاصی در برداشت. . . .

علی‌محمد افغانی: شوهر آهو خانم

'Alī Muḥammad Afghānī, *Shuhar-i Āhū Khānum* (*Mrs Ahu's Husband*), pp. 1–2, 48–9, 441–2 (Tehran, 1340/1961). See *Modern Persian Prose Literature*, pp. 131–4.

ABBREVIATIONS

by ex.	by extension
col.	colloquial
compar.	comparative degree
fem.	feminine
fig.	figuratively
lit.	literally
met.	metaphorically
part.	participle
pl.	plural
pres.	present
sing.	singular
sl.	slang
super.	superlative degree

GLOSSARY

آ

آب برداشتن	to have implications; to carry suggestions
آبِستَن	pregnant
آبِلِه	smallpox
آب وتاب	pomp, bombast
آتَش	fire; آتشیِ مِزاج, fire-tempered; به آتش کسی سوختن, to suffer wrong because of someone else, receive punishment on account of another person's folly
آجُر	brick
آخِرَت	day of judgement, the end; آخرت‌هم حِساب است, the day of judgement must be taken into account
آخوند	theologian, mulla(h)
آداب	(*pl.* of اَدَب), ceremonies, rites
آراستِه	decorated, adorned, arrayed
آز	greed, avarice
آزُردِه	hurt, vexed, annoyed
آزِگار	consecutive, running, ceaseless
آسایِش	comfort, tranquillity, peace of mind
آستانِه	threshold
آستین	sleeve

آسِمان خَراش	skyscraper
آسودِگی	tranquillity, repose, peace of mind
آسودِه باش !	don't worry
آشغال	rubbish
آشُفتِه	dishevelled; agitated, disturbed
آشوب	disturbance, commotion
آشیانه	nest
آغِشته	steeped, smeared; soaked
آغوش	bosom
آفَت	calamity, disaster; mischief
آفتاب و مَهتاب	a game played by children
آفتابِه	water-pot
آفتابی شدن	to appear on the surface
آلایِش	pollution, contamination
آلودِگی	contamination, pollution; involvement in misdeed
آماس	swelling
(حالا) آمدیم	*col.* supposing, granted that
آمیختَن	to mix, mingle
آن روی کار بالاست	things point the other way, the tables are turned

آوا	sound, voice
آویختَن	to hang, suspend
آهِستِه	slow, slowly
آهَنگ	tune, melody
آئین (آیین)	mode, manner; custom, ceremony; آئین بستن to decorate

ا

اِبتِکار	initiative
اَبَد	eternity, ابد مُدّت, everlasting
اَبَداً	never; not at all, by no means
اِبراز	expressing, expression, ابراز کردن, to express, state
اِبقاء	retaining, maintenance, ابقاء کردن, to retain, preserve; to spare
اِبلاغ	communicating; official letter
اَبلَه	idiot, silly (person)
اَبنِیّه	(*pl.* of بَنا), buildings
اُبولی خَرَت بِچَند است؟	*sl.* an expression used in the contexts: (*a*) what has it got to do with you? (*b*) how is life with you?
اُبُهَّت	dignity; awesome presence

اتّخاذ	adoption, choosing, اتخاذ کردن, to adopt, choose
اَثَر	effect; work of art
اَثناء	whilst; interval, space of time
اِجازه	permission
اِجباری	compulsory
اِجتهاد	legal or theological decision, practice of divine science or theology
اَجَل	death, end
اِحترام	respect, reverence
اَحَدی	not one, no one
اَحسَن !	(for احسنت), well done! bravo!
اِحصائیّه	statistics
اِحضار	summon
اَحیاناً	occasionally, sometimes
اَخاذی	extortion
اِختصاص	peculiarity, speciality; specified; devoted
اِختیّار	option, choice; control, authority, power
اَخلاق	morals, ethics, character, اخلاقاً, morally; temperamentally
اَخم	frowning, frown, scowl
اَدا	payment, discharge; performance, utterance; mimic, grimace

اِدراك	comprehension, comprehending
اَذان	call to prayer, اذانِ صُبح, call to morning prayer, *fig.* dawn
آرّابِه	cart, waggon
اِرادَت	devotion, attachment; sincerity
اِرادِه	will, intention, inclination
آراذِل	(*pl.* of اَرذَل), rascals, ignobles, the vulgar
اِرتِعاش	tremor, trembling
اِرتِفاع	height, elevation
اِرثی	hereditary
اُرُسی	(Russian), shoe
اَرقام	(*pl.* of رَقَم), figures
اَزبَرشدن	to learn by heart, memorize
اَز پای دَر اُفتادن (آمدن)	to collapse; to be defeated; to be too tired or feeble to move
اَز جادَر رَفتن	to fly into a temper, fly off the handle, start up
اِزدِحام	throng, crowd
اِزدیّاد	increase, increasing; prolonging; augmentation
اَزَل	eternity

اِسارَت	captivity
اَسباب	(*pl.* of سَبَب), instrument(s); means, belongings; causes, اسباب کِشی, shifting, moving (to a new house)
اُستادی	craftsmanship, skill
اِستِخاره	deciding one's course of action by consulting the Koran or bidding the beads of a rosary
اُستُخوان	bone
اِستِدعا	beseeching
اِستِعاره	metaphor
اِستِعانَت	help, assistance, aid
اِستِعداد	talent
اِستِغاثه	supplication
اِستِفتاء	asking legal advice, consulting a divine
اِستِقامَت	resistance
اِستِنباط	deduction, inference
اِسفَنج	sponge
اِسقاط	*col.* scrapped, dilapidated
اَسلِحه	(*pl.* of سِلاح), weapons
اِشتِیّاق	eagerness, desire
اَشَدّ	(*compar.* and *super.* of شَدید), more or most severe, harder or hardest

آشراف	(*pl.* of شَریف), nobles; aristocrats
اَشِعه	(*pl.* of شُعاع), rays, beams
اَشهَدُ اَن لا اِلٰهَ اِلا الله	I testify that there is no god but God (creed of the Mohammedan faith)
اَشیاء	(*sing.* شِیئی), things, objects
اَصلاً	originally, fundamentally; at all
اَصوات	(*pl.* of صُوت), sounds, voices
اُصول	(*pl.* of اَصل), principles, fundamentals, bases
اِضافه کار	overtime
اِضطراب	anxiety, fear
اِطفاء	quenching; extinguishing
اَطلَس	satin
اِطمینان	assurance, confidence
اَطوار	coquettishness; flippant manners
اِظهار	expression, utterance
اِعتِبار	belief; faith, trust, confidence; credit, validity
اِعتِدال	moderation; temperance; equilibrium
اِعتِراف	confession, admitting
اِعتِماد	trust, reliance, faith

اِعتِنا	attention, heed, care
اِعجاب	admiration
اَعداد	(*pl.* of عَدَد), numbers
اَعصاب	(*pl.* of عَصَب), nerves
اَعماق	(*pl.* of عُمق), depths
اِعوِجاج	crookedness
اَعیان	(*pl.* of عِین), nobles, *lit.* the eyes
اِغراق	exaggeration
اَغلَب	most, often, the greater part
اِفادِه	arrogance, vainglory
اَفزار	tool, instrument
اَفسار	bridle
اَفسانِه	fable, legend, tale
اَفسُرده	depressed, dejected
اَفسوس	alas! remorse, regret
اَفسون	spell, charm, incantation
اَفشاندَن	to scatter, strew; to sprinkle
اِفشاء	disclosing, revealing
اُفُق	horizon
اَفلاطونی	Platonic

اِفهام	understanding, comprehending
اِقتدار	might, power; authority
اَقدَم	(*compar.* and *super.* of قَديم), more or most ancient
اَقوال	(*pl.* of قُول), words, sayings
اِکتفاء	being content or satisfied, اکتفا کردن, to content oneself; to suffice
اَکناف	(*pl.* of كَنَف), regions, parts
اِلتفات	favour, kindness; attention
اِلتهاب	inflammation, burning
اَلحَق	justly, in fairness
اَلحَمدُ لِله	*lit.* praise be to God; fortunately; happy to say
اَلسِنَه	(*pl.* of لِسان), languages
اَلغَريقُ يَتَشَبثُ بِكُلِّ حَشيش	a drowning man will clutch at every straw
اَلَم	pain, affliction, suffering
اَلماسين	made of diamond
اَمان	respite; safety, security
اِمتيّاز	advantage, distinction; concession
اُمَراء	(*pl.* of اَمير), princes, leaders
اَملاك	(*pl.* of مِلك), estates, lands

اَموات	(*pl.* of مَیت), the dead
آناجیل	(*pl.* of اِنجیل), the Gospel
اِنتِحار	suicide
اِنتِظار	expectation
اِنتِظام	order, discipline; system
اِنتِقاد	criticism
اِنتِقال	transfer
اَنجام	conclusion, end, انجام گرفتن, to be carried out
اَنجُمَن	institute, society, association, council
اِندِراس	shabbiness
اَندَرز	advice, counsel
اَندوه	sorrow, grief
اَندیشِه	reflection, thought
اُنس	familiarity, friendliness, being intimate
اِنصاف	justice, fairness; mercy
اَنظار	(*pl.* of نَظَر), looks, sights, views
اِنعِکاس	echo, reflection, reaction
اِنکار	denial
اِنگاری	you would think, as though
اَنگُشت بِدَهان	struck dumb, aghast, flabbergasted

اَنگُشتَر(ی)	finger ring; signet
اَنگُشدانِه (اَنگُشتانِه)	thimble
اَنگور	grape
اُوج	peak, top
اُوقات تَلخی	ill humour, anger, glumness, peevishness
اُولاد	(*pl.* of وَلَد), children, descendants
اُولیّاء	(*pl.* of وَلیّ), parents; guardians
اِهتِمام	care; diligence, effort
اَهل	native, inhabitant, citizen
اَهلِ بِیت	household, family
اِیالَت	province
اَیّام	(*pl.* of یُوم), days; times
ایجاد	creation, creating
ایلچی	envoy, ambassador
ایمان	faith; belief
ایمِن	safe, immune
ایوان	veranda

ب

باباشَمَل	bully, chief bully; head of royal stable; باباشملی, coarse, uncoath, ruffianly
بابَت	item, matter; sake; ازبابتِ, for, on account of
بابِ کار	suiting one's purpose, cut out for
باجی	sister; woman; female servant
باختَن	to lose, خود باختن, to lose heart, be frightened
بادام	almond
بار	admittance, audience; load, cargo, بارأنداختَن, to unload, *fig.* to settle, 'drop anchor'
بارِکَ الله !	bravo! well done! *lit.* may God bless you
باری	anyway; in short
باریك بین	subtle, acute, observant
بازداشت	arrest, detention, internment
بازیچِه	plaything, trifling amusement, toy
باعِث	cause
باغِستان	vineyard, garden
باك	dread, fear
بالآخَرِه	finally, at the end
بالِش	pillow

بالیدَن	to take pride; to boast
بالین	bedside
بام	roof-top
بانگ	clamour, cry
بانی	founder; originator; builder
بُت پَرَست	idolater
بِجا(ی) آوَردَن	to perform; to recognize
بِچَشم !	with pleasure! willingly
بُحران	crisis
بُخار	vapour, steam
بَخت آزمائی	lottery
بُخچِه (بُغچِه)	bundle, pack
بُخور	dark grey
بَخیِه	stitch
بَدبینی	pessimism
بَدتَرکیبی	ugliness
بَدَل	substitute; change, alteration
بَدوبیراه	*sl.* curse and abuse
بَدیع	novel, new
بَذّال	witty, humorous

برازَندِگی	comeliness, gracefulness, elegance
بَرّاق	glittering, shining
بَرآوَردَن	to fulfil, accomplish
بَرپاشُدن	to be set on foot; to take place; to arise
بَرپانِمودن	to convene, set up
بَرخُوردار	enjoying, successful
بَرخُوردن	to be offended, hurt the feelings; to encounter, come across
بَرخی	some, a portion, a few
بَرزَخ	interval between death and resurrection; *fig.* sullen, morose, grumpy (person)
بِرِشتِه	toasted, grilled
بَرق	flush, glitter, lightning
بُروز	making public or manifest, بروز کردن, to appear, become manifest
بُرهان	reason, logical reason
بِرِهنِه	naked, bare
بَزّاز	cloth-merchant
بُزباش	a kind of broth
بُزُرگ مَنِشی	magnanimity, haughtiness, nobility
بَزَك	toilette, prinking; dressing up

بَسا	many, much, often
بَستِگان	(*pl.* of بَستِه), relatives, kinsmen [the singular is not used in this sense]
بَشّاش	cheerful, merry, smiling
بُطر	bottle
بَغَل	bosom; arm-pit; side, edge
بَقاء	existence, survival
بِکار خُوردَن (آمَدَن)	to be useful, be of some use
بَلا	calamity, catastrophe, evil
بَلاغَت	eloquence, بَلیغ eloquent
بِلا فاصِلِه	immediately, without interruption
بَم	bass
بَناگوش	ear-lobe
بُن بَست	blind alley, dead end, cul-de-sac
بَند	fetters; cord, tie; tight-rope, کسی را رو بند کردن to push someone into a challenging situation, put up to
بَندزَدِه	tinkered
بَندِگی	devotion; servitude
بُنِه کَن	for good; with all one's belongings
بَنی نوعِ اِنسان	human beings, *lit.* sons of mankind

بوگَندو	stinking, fetid
بوم	region, country
بَها	price, value
بِهبودی	betterment, health
بَه‌بَه !	well done! excellent
بُهت	astonishment, amazement
بَهرِه	share; benefit, بهره داشتن, to enjoy; to have a share
بِهِشت	paradise, heaven
بی اِختیّار	unconsciously, involuntarily
بی پُشت و پَناه	supportless and defenceless; solitary
بیتابی	restlessness, impatience
بی تَکَلُفی	unaffectedness; unceremoniousness
بیچارِه	helpless, miserable, destitute
بیخِ ریش ماندَن	*col.* to be stuck with
بیخُود	in vain, useless; unnecessarily, بیخودی, unconsciousness; unnecessary
بید	willow
بیزار	disgusted, weary
بی سَروپا	lowly (person), vulgar, low-born
بیشِه	woods, forest

بیغَش	pure; flawless; sincere
بیکَران	shoreless, endless, boundless
بی کُلاه	hatless, *fig.* undignified; needy, destitute
بیلِه	(Turkish), such a
بیم	fear
بی مُحابا	without consideration; unsparing(ly)
بی مَعرِفَت	ignoble; ignorant, illiterate
بی مُلاحِظِه	careless(ly), inconsiderately, rashly
بی ناموسی	unchastity
بینَوا	wretched, poor
بیهودِه	vain, futile, useless

پ

پابَرجا	firm, established, permanent
پاداش	reward, compensation
پارچِه	cloth; piece
پارو	oar, wooden spade
پارِه	torn; piece; پاره ای, some, a few
پاسگاه	sentry post, police post
پاشنِه	heel

پاشیدَن	to sprinkle; to scatter
پایِه	stand; degree; basis, foundation
پائیدَن	to watch, guard
پَتو	blanket
پِچ پِچ	whisper, murmur
پِدَر دَرآوَردَن	*sl.* to ruin, bedevil, play hell with
پَر	leaf, petal; lap; feather, wing, پردرآوردن, to fly; to fledge
پَراکَندِه	dispersed, scattered
پَرپَرزَدَن	to flutter, flap
پُرپُشت	lush, bushy
پَرتُو	ray, beam, light
پَرخاش	quarrel, strife; anger
پَردِه	curtain, screen; veil
پَرَستِش	worship, adoration
پَرَندِه	bird
پَرواز	flying
پَروپا	legs; foundation
پَری	fairy
پَریشان	disturbed, distressed; dispersed; dishevelled

پژُمرده   withered, faded

پُشت   behind, back; generation, descent

پُشتِ بام   house roof

پَشم آلود   hairy, shaggy, woolly

پَشه   mosquito

پُف   puff, puffing, blowing out

پلك   eyelid

پَلَنگ   leopard

پَنج تیر   five-loader, pistol

پَنجه   claws; prong; the five fingers

پَنجهٔ آفتاب   the rays of the sun (usually used as a simile for a beautiful face)

پَنجهزاری   unit of currency equal to half a *tūmān* or five *rials*; equal to five thousand

پَند   advice, counsel

پنهان   hidden, concealed, ازشماچه پنهان, *col.* why hide from you, پنهانی, secretly, in quiet

پوچ   idle, vain; empty

پوزه   snout

پوسیدَن   to rot, wear out

پیت   oil or water can, large tin

160

پیچیدَن	to twist, turn around; to entangle; to wrap up, بـرخـود پیـچیـدن, to contort nervously, display signs of uneasiness, fidget
پیرامون	outskirts, about
پیرهَن = پیراهَن	shirt, blouse, یك پیـراهن بیشتَر پاره کردن, to have lived longer, be more experienced
پیزُر	padding; *fig. sl.* flattery
پیشاپیش	in front, ahead
پیش آمَد	occurrence, incident, happening
پیشانی	forehead
پیشخوان	counter
پیشرُو	vanguard, spearhead
پیش فَنگ	present arms!
پیشوا	leader
پیکَر	figure, body, form
پیکَره	foundation, basis
پیمان	treaty, agreement; promise
پیوَند	join, attachment; relationship, union
پیه سوز	tallow-burner

ت

تاب power; endurance, stamina, fortitude

تابِش glow, shining, light

تابِع subject, follower

تاب و تَوان endurance and ability, strength

تابیدن to shine

تاتو بِگوئی ف من میفَهمَم فَرَح زاد است *col.* as soon as you open your mouth I know what you are going to say

تأثیر effect, impression

تاریك dark

تازان galloping, running

تازِیّانه whip, scourge

تالار hall, parlour, gallery

تَأَمُّل careful consideration, reflection; hesitation

تَأمین securing, safeguarding; providing, bringing about

تَأنّی delay, procrastination, slowness; hesitation

تَأئید confirmation, affirmation

تَبَرُّك blessedness, holiness

تَبرِئه acquittal, exoneration, discharge

تَبَسُّم	smile
تَجَسُّس	search, research
تَجَمُّل	luxury, splendour
تَحریر	writing
تَحصیل	acquiring, acquisition; study
تَحقیق	investigation, inquiry
تَحلیل	analysis; dissolving
تَختهِ پوست	woolfell
تَختهِ کردن	to close (a shop)
تُخم (تُخمهِ)	seed
تَدابیر	(*pl.* of تَدبیر), devices, expedients, policies, arrangements
تَدارُك	preparation, supply
تَدفین	burial, internment
تَدوین	codification, compilation
تَذَکُّر	reminder
تَراشیدَن	to pare, sharpen, cut, shave, scrape
تَرانهِ	melody
تَربیّت	education, training, culture, تربیّتِ بَدَنی, physical culture
تَرس بَرداشتن	to fear, be alarmed

تَرسیم	drawing, tracing; delineation
تَرَشُّح	sprinkling, splash, exudation
تُرشی	sourness; pickles
تَرغیب	incitement, inducement
تَرَقّی	progress, advancement
تَرکیب	composition, mixture; shape, form
تَرَکیدن	to explode, burst
تُرُمز	(Russian), brake
تَرویج	propagation, promotion
تِریاك	opium
تَزریق	injection; transfusion
تَزَلزُل	hesitation; shakiness, instability
تَسبیح	rosary, beeds
تَسخیر	conquest, capturing
تَسکین	soothing, appeasing, pacifying
تَسلیّت	consolation, condolence
تَشریح	description, explanation, analysis
تَشریفات	ceremonies; formalities
تَشریف بُردن	to go (in polite conversation)
تَشویق	encouragement

164

تَصادُفاً accidentally, by chance

تَصنیف popular song, ditty

تَصَوُّر fancy, imagination, supposition, تصور نمودن, to conceive, suppose, imagine

تَعارُف کردن to offer; to show courtesy

تَعجیل haste, hurry

تَعَدّیات (*pl.* of تَعَدّی), oppressions, exactions

تَعریف praise; description, definition, explanation

تَعزیّه passion-play

تَعظیم bowing, bending, homage

تَعَفُّن putrefaction, stench

تَعقیب pursuit, following, persecution

تَعمیم spreading, generalization, rendering something universal

تَفتیش inspection, examination, investigation

تَفَرُّس perspicacity

تَفریح diversion, pastime, recreation

تَفسیر interpretation, explanation; commentary

تَفصیل detail, particulars

تَفکیك splitting, separating, distinguishing

تُفَنگ gun, rifle

تَفَنُن diversion, fun, pastime; luxury

تَقدير fate, predestination, destiny

تَقرير discourse, pronouncement

تَقصير fault, shortcoming; guilt, offence

تَقَلُبى fraudulent, false, counterfeit

تَقليد imitation

تَك single, alone

تكاپو search, scour, running around; endeavour

تَكادُو (تَك ودُو) running about, activity

تِكان shaking, shock; jolt

تَكَبُر pride, haughtiness, arrogance

تَكذيب denial

تِكرار repetition, تكرار كردن, to repeat

تَكفين shrouding (the dead)

تَكَلُم speech

تَكليف duty, obligation; imposition

تَكميل completion, finishing, perfecting

تِكيه religious theatre; reliance

تَلاش effort, endeavour

تَلافى retaliation, revenge, recompense

تَلاوَت	reciting, reading (especially the Koran)
تَلخ	bitter; acrimonious
تَلَف	loss, waste, death, casualty, perishing
تِلُو تِلُو خوردَن	*col.* to stagger, totter
تَله	trap, snare
تَماس	contact
تَماشائی	spectacular, eye-catching
تَمجید	praise; encouragement
تَمَسخُر	ridicule, mocking
تَمَلُّك	possession
تَمَنا (تَمَنی)	implore, request; desire
تَمَوُّل	wealth
تَمیز	discrimination, discernment; neat, clean
تَنازُع	struggle
تَناسُب	proportion, being in proportion; symmetry
تَنبیه	punishment
تُند	sharp, biting; swift, rapid; peppery
تُندخو	raging, furious, fiery
تَن دردادن	to submit, give in
تَنزیل	revelation to a prophet; interest

تَنَفُّس	breathing; breathing-space, break, interval
تَنَقُّلات	delicacies, dainties, titbits
تَنگ	narrow, tight; close, near
تَنومَند	big, bulky; strong
تِنه خوردن	to be shoved against
تَوانگَر	powerful; rich
تُوبیخ	reprimand, rebuke, reproof
توپ	cannon; ball
توتون	tobacco
تَوَجُّه	attention, paying attention
تودار	self-contained, reserved
تودَرتو	one leading to the other, allowing free passage to one another
تُورات	the old testament, the Pentateuch
تُوصیف	description, commendation
تَوَکُّل	reliance, trust, depending (upon)
تَوَلُّد	birth
تومان	*tuman*, unit of currency equal to ten *rials*
تَهدید	threat, menace
تُهیدَستی	indigence, poverty

تیر arrow; shot; beam of wood, تیرانداز, archer, rifleman

تیرِه dark, dim; gloomy, sorrowful, کَسی رابروزِ تیره (سیّاه) نشاندَن, to ruin someone, utterly destroy someone's life

تیرِه بَخت miserable, unfortunate

تیز sharp

تیغ thorn; razor, blade

تیمسار title of respect for an officer of the rank of major-general or above

ث

ثانیّه second

ثَروَت wealth, riches

ج

جادو magic, sorcery; spell, charm

جاری current, running, flowing

جازَدَن to pass off; to fake

جامِه clothing, garment, robe

جان dear, darling; soul, life, جان کَندَن, *col.* to drudge, toil, جان از صَحرا پِیدا کَردن, *lit.* (to behave as though) one has acquired his life in a wilderness, i.e. not to value life, to give one's life for nothing, die in vain

جان گُداز heart-rending

جِبِلی	inborn, innate, inherent
جِد و جَهد	diligence, endeavour, effort
جَذّاب	attractive
جِر	backing out, shirking; cheating
جُرأَت	daring, courage, boldness
جُرم	crime
جَرَیان	happening, course of events; flow, current, circulation
جَریمه	fine, penalty
جُزوِه	pamphlet
جُزئی	small, insignificant, trivial
جِسارَت	boldness, daring, audacity
جَسَد	corpse, body
جِسم	body; mathematical solid
جَشن	celebration, festival
جُغد	owl
جَك و جانِوَر	*col.* living creatures, animals
جِگَر	liver; جگرسوز, heart-rending
جَلّاد	executioner
جَلال	grandeur; majesty, splendour, magnificence
جَلب	attraction, attracting, drawing

جِلف frivolous; dandy

جُلُنبُر shabby, threadbare; *by ex.* mean; roguish

جُلوس sitting; accession (to the throne)

جِلوِه splendour, lustre; *by ex.* loveliness

جِن jinnee

جَنازِه corpse, dead body

جِنايَت crime, iniquity

جُنب وجوش movement, activity, hustle and bustle

جَنبِه aspect

جَنجال tumult, brawl, commotion

جُنون madness, insanity

جَواب reply, answer, جوابِ رَد, negative answer

جَواهِرات (*pl.* of جَواهِر), jewels, precious stones

جوش welding; boiling

جوشِش boiling, effervescence, *fig.* enthusiasm, zeal

جُوف inside

جُوهَر essence, substance; ink

جوى stream, brook; gutter

جِهات (*pl.* of جَهَت), reasons, causes; directions

جَهَنَّم hell

جُهود	Jew
جَهیز	trousseau
جیغ	scream

چ

چاپلوسی	flattery
چادُر	a woman's veil (worn over head and body); tent
چارِه	remedy; escape, way out
چاك	slit, fissure, چاك چاك, slashed, cut up by sword
چالاك	nimble, quick, agile
چِپاندَن	to stuff, cram
چِراغ	lamp, چِراغِ زَنبوری, mantle burner; چِراغِ اوَّل, handsel, day's first earning
چَربی	fat, grease
چَرخ زَدَن	to swirl, whirl, spin
چَرم	leather
چِزاندَن	to fret, hurt
چَسبیدَن	to stick, adhere; to clasp
چِشم بِهَمزَدَن	to twinkle, twinkling; *fig.* jiffy, split of a second
چِشم زَهرِه	intimidation
چِشمِشان کور !	*col.*, *lit.* may their eyes turn blind! serves them right!

چِشم غُره	intimidating look
چِشمِه	spring; arch of bridge
چَشیدَن	to taste
چُغُندَر	beetroot
چِفت	hasp, latch
چِکمِه	high boot
چَکی	*col.* at random; collectively; by the job
چَکیدَن	to drop, trickle, چَکّه, drop
چِلوار	calico; bleached shirting
چِندِش آوَر	shuddering; sickening
چَنگال	claw, talon; fork
چوب بَست	scaffolding
چوبِ قانون	truncheon
چَهارپایِه	stool
چَهارشانِه	square-shouldered, well set, well built
چِه خاکی بِسَرَم بِریزَم ؟	*sl.* what on earth can I do?
چیدَن	to pluck; to arrange
چین	wrinkle; pleat, fold

ح

حاجَت	need; requirement
حاجی	one who has made a pilgrimage to Mecca
حاشیّه	margin, edge, side; rim
حاضِر جَواب	abrupt in answering; ready-witted
حافِظه	memory
حاکی	indicating, telling
حالی کَردَن	to make one understand, bring home, explain
حَب	grain; berry; small piece
حُباب	bubble
حَبِۀ اَنگور	a single grape
حِجاز	Hejaz, Mecca and Madina
حِجله	bridal chamber, room for a bride
حَدَقِه	pupil of the eye
حَرارَت	heat
حَرّاف	talkative, glib-tongued
حَرامزادِه	bastard; *fig*. sly, crafty, roguish
حَربِه	weapon
حِرص	greed, avarice; covetousness

حَرفِ مُفت	nonsense
حَرَکات	(*pl.* of حَرَکَت), behaviour, actions; movements
حَرَمخانه	harem, women's apartment
حَریص	greedy, avaricious, ravenous
حَزین	grieved, sorrowful
حِس	feeling, sentiment
حِسابِ کَسی را رَسیدَن	*col.* to pay one out, serve one right
حَسرَت	envy; regret; longing
حُسن	beauty, comeliness; goodness, حسنِ اتِفاق, lucky chance
حَصیر	straw; matting
حَضرَت	excellency, a title of respect preceding the names of prophets, *Imāms* and highly revered saints
حُضور	presence; attendance
حَظّ	delight, pleasure; gratification
حِفظ	preservation, اَز حفظ خواندَن, to recite from memory
حَق	right; truth; reality; حق کَسی را دَستَش دادَن (حقِ کَسی را کَفِ دَستَش گُذاردَن), *col.* to teach one a lesson; to serve right; to retaliate; حق ناشناس, ungrateful; دَرحقِ, in regard to, concerning; *pl.* حُقوق, rights; wages

حُقه	*sl.* trickery, guile
حُکماً	necessarily, without fail, certainly
حُکَماء	(*pl.* of حَکیم), philosophers, learned men, sages
حُکمفَرما	reigning, dominant; prevailing
حَلَبی	tin-plate
حَلق	throat
حُلقوم	throat
حَلقِه	ring; circle; حلقه بِگوش, bondman, slave
حِماقَت	stupidity, foolishness
حَواس پَرتی	absent-mindedness
حَوالِه کردن	to delegate, assign
حوری	nymph
حُوصِله	patience; mood
حَیا	shame; modesty
حَیات	life
حَیاط	courtyard
حِیث	respect, اَزحیثِ, in respect of
حِیص و بِیص	confusion, perplexity

خ

خاتَم	signet, seal
خاتون	noble lady
خاص و عام	high and low, people of all classes
خاطِر	memory, recollection; sake
خاك آلود	dusty
خاكسارى	humility
خاكِستَر	ash, ashes
خان	*Khan*: Mongolian title of kings, princes, chiefs of tribes, etc.
خانهِ دار	housekeeper; thrifty
خانهِ زاد	home-born; son of a slave
خائِن (خايِن)	traitor
خَبَرِ مَرگَش . . .	*sl.* a kind of curse used when someone has blundered or committed a folly
خَجِل	ashamed, embarrassed
خَجلَت (خَجالَت)	shame, خجالت كَشيدَن, to be ashamed
خَدَنگ	arrow
خَرابِه	ruins
خَراج	tribute, tax, revenue

خُرامیدَن	to strut, walk gracefully
خِرت و خورت	*col.* trifles, odds and ends, knick-knacks
خَرج	expenditure, expense, خرج کردن, to spend (money)
خُرد	small, خرد کردن, to break into pieces, smash; to change (money); خرد شدن, to be shattered, be crashed
خِرقِه	robe, gown
خُرّم	fresh, blooming; pleasant
خُروش	roar
خُشکاندَن	to dry, cause to dry
خَطا	mistake, error; sin
خُفاش	bat
خَفَقان	muteness, silence
خَفیف	slight, light
خَلاف	contravention, بَرخَلاف, contrary to, in opposition
خِلال	amid, middle, among
خَلَف	worthy successor
خُلق	nature, temperament
خَلق	creation; people
خَلوَت	quiet, privacy
خَلیل	true friend (title of Abraham)

خَم bent, crooked, خم شدن, to bow, bent, be bent; خم بِآبرو نَیاوَردَن, not to show any sign of pain, not to be touched or affected, not to turn a hair

خُمره large earthenware jar

خَنجَر dagger

خُنَك cool, mild; fresh

خو habit, disposition

خواری humiliation, contempt

خواستگار suitor; match-maker

خود helmet

خُود خواهی selfishness

خُود داری restraint, refraining, withholding

خُود رابِکَسی بَستَن *col.* to impose oneself upon a person, play the parasite; to draw on someone's good graces

خُود سَری wilfulness, obstinacy

خُودکار automatic

خُود نَمائی ostentation, show off

خُور proper, worthy, دَرخورِ, worthy of, befitting, becoming

خُوش بینی optimism

خُوشوَقت pleased, glad

خوشِه bunch; ear of corn

خُوف fear

خون خُوردَن *col.* to shed blood; to worry; to suffer greatly

خونِ دِل *fig.* suffering, hardship, torment

خویشاوَند relation, relative

خَیّاط tailor

خیّال thought, imagination, خیّالی, imaginative; false

خیّانَت treason, treachery, خیّانَتکار, traitor; unfaithful

خِیر خواه charitable, benevolent; well-wisher

خیرِگی obstinacy, stubbornness

خیرِه dazzled

خیز leap; billow

خیس soaked, wet, drenched

خِیط line; string

خِیمِه tent

د

داخِلِه interior, internal

دادرَسی rendering justice, trial

داد گُستَری justice, administration of justice

داغدیدِه bereaved

دالان vestibule; corridor

دام snare, trap

داماد groom, bridegroom, son-in-law

دامَن skirt; foot (of a mountain)

داوَری arbitration, judgement

دایِره circle, دایرهٔ نِصفُ النَّهار, meridian

دایه nurse, governess

دُچار involved, entangled, obliged

دِخُو naïve, credulous, simple-minded

دَربَرداشتَن to wear, have on; to include

دَرَجه degree, rank; extent

دَرَخشان brilliant, shining, lustrous

دَرخواست request; demand

دَررُو outlet; *fig.* effect

دُرُستی honesty, correctness, rightness

دَرسَرِ (بَرسَرِ) regarding; upon

دُرُشت large, sizeable

دَرعِوَض instead, in place of

دَرگاه threshold, doorway; cour

دَرگِرِفتَن to be kindled

دَرگوشی in one's ear; whisper; *tête à tête*

درمانده forlorn; indigent, helpless

درمیّان نَهادَن to put up for discussion, discuss, relate

درَندَشت vast, large, stretching away to the horizon

دَریدَن to tear, rend, دَریدِه, torn out; impudent, insolent

دَریغ refusal, denial

دُزدی theft, robbery, دزدانِه, slyly, stealthily, secretly, دزدَکی, slyly, stealthily; دزد نَگِرِفته پادشاه است, everybody is innocent unless proved guilty, *lit.* a thief is as a king unless captured

دِژخیم executioner

دَست اَزپادَرازتَر *col.* unsuccessful, failing, lame

دَست اَز سَرِکَسی (چیزی) بَرداشتَن *col.* to desist, let go, release

دَست اَنداختَن *col.* to pull someone's leg, make fun of

دَست اَندازی encroachment, usurpation, laying hand

دَست بِدَهَن رَسیدَن *col.* to be well off

دَست بَرداشتَن *col.* to refrain, cease; to give up

دَست بِگَردَن انداختَن	to embrace, hug
دَست پاچِه شُدَن	*col.* to get excited, become confused
دَسترَس	within reach, available, accessible
دَستِ کَسی را توی حَنا گُذاشتَن	*col.* to involve someone in difficulties, put a person in a fix
دَستگاه	establishment; apparatus; also used in numbering houses, machinery, etc.
دَست گُذاشتَن	to touch, lay hand on; to begin
دَستگیری	arrest; help, aid, protection
دَست و پا کَردن	*col.* to make an effort; to use one's resources
دَست و پاگُم کَردن	*col.* to be frightened out of one's senses, lose one's wits, panic; to be perplexed
دَست و دِل بازی	*col.* generosity, open-handedness
دَستور	instruction, order
دَستِه جَمعی	in a group, collectively
دِق	grief, fatal grief, دق کـردن, to die from grief or loneliness or frustration of one's hopes
دِقّت	attention, mindfulness; accuracy
دَقیق	accurate, exact, precise, minute, attentive
دَقیقِه	minute, moment

دَکّه shop

دِل آزُرده offended, hurt, displeased

دَلالَت guidance; inference, indication, denoting

دَلّاله procuress

دِلباخته enamoured, *lit.* one who has lost his heart

دِل بِدَست آوَردَن to capture someone's heart, please, gratify

دِلخواه desire, wish

دِلخُوشکُنَك *col.* treat, a pleasing object

دِلکَش attractive

دِلهُره *col.* apprehension, anxiety

دَم (و) دَستگاه splendour, great state; trappings; equipment

دَمدَمی moody, whimsical, irresolute

دِنج cosy, snug

دَندان tooth, دندان روی جِگَر گُذاشتَن, *col.* to swallow one's resentment, bear patiently, tolerate

دَندانه cog, tooth

دَنده cog, gear; rib

دُوپِشته assembled, in a crowd; double

دوختَن to sew, دوخت, tailored, made, دوخت و دوز, sewing and stitching, چِشم دوختن, to stare, fix the eye on

دود اَزمَغز (سَر) بُلَند شُدن	*col.*, *lit.* smoke rising from one's head: used as an expression of extreme astonishment
دُورتادُور	all around, دوروَبر, surroundings, around
دُو زانو نِشَستَن	to sit on one's knees
دوش	shoulder
دُوگانِه	twofold; duplicate, *fig.* morning prayer consisting of two genuflexions (رَكعَت)
دِهشَت	fear, terror; bewilderment
دُهُل	big drum
دَهَنِه	opening; mouth; bridle
دَهِه	period of ten days (years)
دیّار	region
دیباچِه	preamble; preface
دیدِه	eye
دیگ	pot
دیگَرگون (دِگَرگون)	changed, reshaped, metamorphosed
دیوارموش دارَد موش گوش دارَد	walls have ears
دیوان	council of state; tribunal; administration
دیوانِه	mad, insane

ذ

ذاتی	instinctive, inborn, innate
ذَخیرِه	reserves, stocks, hoard; savings
ذُغال	charcoal
ذِلّه	*col.* weakened, miserable
ذِمّه	obligation, responsibility; duty
ذُوق	taste, talent, تو ذوق زَدَن, *col.* to repel
ذِهن	mind, memory
ذِی الحَجه	the twelfth month of the lunar year
ذیقیمَت	valuable, precious
ذِیل	bottom, below, ذِیلاً (دَر ذیل), in the following, hereunder

ر

رابِطه	relation, link, connection
راجِع	referring, about, concerning
راحَت	comfortable; easy
راستی راستی	in truth, really
راغِب	desirous, inclined, fond
رام	tame, obedient, submissive

راهزَنی	highway robbery
راهنَمائی	guidance, directing
رَبُّ النُوع	guardian of the species, God, divinity
رُبودَن	to seize; to rob, carry away
رَجَز	boasting, bragging
رِحلَت	dying, death
رَحِم	womb
رَخت	clothes, wearing apparel
رَخنِه	penetration; leak, breach
رَد	refutation; rejection, denial
رِدَنگُت	*redingote* (French), frock-coat
رَديف	row, line
رَزّاز	rice-seller
رَزم	battle, conflict, war
رَستَن	to grow; to escape
رَسم	ceremony; custom; rule
رَسيدِه	ripe, matured
رُشد	growth, maturity, رشدِ زّيادی مايهٔ جَوان مَرگی است, *lit.* too much growth results in an early death
رَشك	envy

رُشوِه (رُشوَت) bribe, bribery; manure

رِضایَت consent, agreement; contentment, satisfaction

رَعنا graceful, handsome, elegant

رَعیَّت peasant; subject, vassal

رَف upper ledge; upper niche

رَفتار behaviour, conduct

رُفتگَر sweeper, dustman

رَفع removal; abolishing; *fig.* curing

رُفو darning; fine drawing

رِقَت pity, compassion, sympathy

رَقیق thin; mild; tender

رَگ vein, رگ غیرَت, *col.* sense of honour, strain of jealousy

رَمَق the last breath, departing spirit

رَنجِش offence; irritation; vexation

رَنگ trick, scheme; colour, رنگ پَریدَن, to grow pale

رَوا دیدَن (داشتَن) to deem right; approve of, allow

رَوان flowing, fluent, روان (رَوانه) داشتن, to send away, روان (روانه) شُدَن, to set off, proceed

روبَندِه veil

روحانیّت	spirituality
روحیّات	(*pl.* of روحیّه), spirits, characteristics
رودَرواسی (رودَربایِستی)	*col.* being put on the spot; bashfulness, embarrassment
روزِگار	time; providence; plight, condition
رُوزَن (رُوزَنِه)	hole, opening
روسِفید	reproachless, lucky, successful
روشَن بینی	clear-sightedness, clear-mindedness
رُوضِه	tragical eulogy of the martyrs of Karbala
رُوغَن	oil; grease; ghee
رُونَق	briskness
رونَما	*lit.* showing the face; present made to a bride when she unveils herself for the first time before the bridegroom
رونِوِشت	copy (of a document, etc.)
رویِ پا بَندشُدن	to stand on one's feet, to stay still, از فَرطِ خُوشحالی رویِ پا بندنشدن, to be walking on air (from happiness)
رویِ خِشت نِشَستَن	*col.* to be on the verge of confinement, *fig.* achieve the impossible, carry out a difficult task
رویِ خُود نَیاوَردَن	*col.* to ignore, disregard; to save one's face
روی دادَن	to take place, happen

ریختَن	to pour, spill; to cast away; ریخته, extracted; fallen
ریخت و پاش	*col.* idle expenditure, squandering, prodigality
ریسِه	filament, threading, queueing
ریش توىِ آسیّاب سِفید نَکَردَن	*col.*, *lit.* not to have whitened one's beard in the mill, i.e. to have obtained wisdom and experience as a result of old-age and one's diligence

ز

زاد و بوم	birthplace, habitat
زاری	lamentation, weeping
زال و زِندگی	*col.* household utensils
زَبان بَستِه	*col.* tongue-tied, dumb (animal)
زَبانِ حال	expression of one's condition
زَبانَم لال !	*lit.* may my tongue be dumb!; God forbid!
زِبر	coarse, harsh, rough
زِبر و زَرَنگ	*col.* smart; shifty; agile
زَبون	helpless, weak; humiliated
زَجر	torment, hardship
زَخم	wound, injury, زخمِ زَبان, sarcasm, taunt
زَرخَرید	slave

زَرَنگ	clever, smart; nimble
زَر و زیوَر	decoration, ornament, embellishment
زِرِه	coat of mail, chain mail
زَری	brocaded silk
زَرّین	golden
زِلزِلِه	earthquake
زُمُخت	coarse, harsh, rough
زِمزِمِه	murmuring, humming
زَنبورِ عَسَل	bee
زَنگ	bell; rust, زنگ زَدِه, rusty
زَنگار	leggings; rust
زَنَندِه	repellent, pungent; offensive
زَوایا	(*pl.* of زاوِیّه), corners, angles
زَهرِه	the gall; *met.* courage
زیّادِه	more, in excess
زیبَندِه	becoming; graceful, beautiful
زیرِبار رَفتَن	*col.* to tolerate, accept
زیرِچشمی	furtively, timidly
زیرسیگاری	ashtray
زینَت	ornamentation, adornment

ژ

ژالِه dew

ژاندارم *gendarme*

ژَرف deep; intense

ژولیدِه dishevelled

س

ساحِل shore, bank, coast

ساختِگی superficial, artificial, 'frame-up'

سادِه لُوح naïve, simple-minded

سارِبان camel driver

ساطور cleaver, chopper

ساعَت خُوش بودَن (ساعت داشتَن) the hour being lucky, the time being propitious

ساقِه trunk of a tree

سامان riches; house furniture; order

سانِحه incident, event

سائیده worn out

سَبّابِه forefinger, index finger

سُبحانَ الله ! glory be to God! good God!

سَبزِه greenery, verdure

سَبك style, mode, fashion, method

سَبُكبار lightly loaded, free of care

سِبيل moustache, زيرِسبيل دَركَردَن, *col.* to pocket an affront; to overlook, disregard

سِتايِش worship; thanksgiving, (سِتائيدَن) سُتودَن, to praise, admire, worship

سَتَم oppression, tyranny; violence; سَتَمديدِه, oppressed, down-trodden

سِتيزِه broil, quarrel, struggle

سِحر magic, witchcraft, sorcery, سَحّار, magical

سَخاوَت generosity, liberality

سُخَندان learned, erudite, well-versed

سَر اَز پانَشِناختَن to be entirely confused, be utterly overwhelmed, be so agitated as not to recognize anything

سَرازيرشُدن to flow down; to go down a slope

سُراغ pursuit, inquiry; trail, clue

سَرافراز honoured, exalted, سرافراز فَرمودَن, to honour

سَرآمَد pre-eminent

سَراير (*pl.* of سَريرِه), secrets, mysteries

سَربِراه tractable, submissive, easy to deal with

سَربَرداشتَن to raise the head, look up

سَربزیر humble, modest; submissive

سَربَستِه closed, sealed, *fig.* secret, unknown, uncertain

سَرِپا standing, on foot; erect

سَرپَرَست guardian, protector

سَرِتیر آوَردَن *lit.* to bring game to the point where it is sighted by the rifle; to prepare; to persuade

سَردَر façade

سَرزَنِش reproach, reproof, rebuke

سَرشار overflowing, brim-full; abundant

سِرِشك tear(s)

سَرشِناس well-known, famous

سُرفه cough

سِرِقت theft, stealing

سَرکار esquire; title of respect given to an officer of the rank of colonel or below

سَرکَردِه leader, commander

سَرکِشی inspection; rebellion, سَرکِش, rebellious; refractory

سَرکوبی suppression

سَرگُذَشت recollection of the past; story, narrative

سَرگَردان stray, wandering

سَرمایه دار	capitalist
سَرنوِشت	fate, destiny
سُرور	joy, mirth
سَرَوَری	eminence, leadership, command
سَروکار	*col.* dealing, concern, preoccupation
سَرهَنگ	colonel
سَزاوار	worthy, deserving
سَطح	surface, level
سَطوَت	might; awesome presence
سَعادَت	felicity, good fortune, prosperity, well-being
سِفارَت	embassy
سُفال	earthenware
سَفیه	silly, stupid
سَکَنِه	(*pl.* of ساکِن), inhabitants, dwellers
سَکو	platform
سُکوت	silence
سُکون	calm, tranquillity; stillness
سَگَک	buckle
سَلانِه سَلانِه راه رَفتَن	to tread heavily; to swagger; to strut
سَلیقِه	taste, good taste

سَلیم healthy, sound

سَماوَر samovar (Russian); tea-urn with interior heat tube

سِن age, سِناً, in age

سَنّار (*col.* form for صَد دینار), unit of currency equal to a tenth of a *rial*

سَنج cymbal

سَنجیدَن to weigh, measure

سَنگدِل strong-hearted, cruel

سَنَه year

سَوانح *pl.* of سانِحه

سوت whistle

سُودا notion; melancholy; passion

سور feast, junket

سوزاك gonorrhoea

سوزِش burn, burning, سوزان, burning

سوزَن needle

سوزناك pathetic, plaintive, touching

سوسك beetle

سوسو twinkle; weak light

سُوغاتی gift brought by a traveller

سُوگَند	oath, سوگند دادَن, to adminster an oath (to someone)
سوءِ ظَن	suspicion, mistrust
سَهل	ease, [in certain expressions سهل may mean 'let alone', 'not only...but...', or 'but this is not much']
سَهو	error
سُهولَت	ease, easiness, facility
سیّاهی بِسیّاهی . . . رَفتَن	to follow in someone's shadow, stick like a shadow
سیخ شُدن	to stiffen, stand upright
سَیِد جَبّار	proper name (?)
سیر	deep, dark (colour)
سیرَت	character, disposition, nature, morals, سیرَتاً, morally; in character
سِیطَرِه	domination, dominion
« سیگار کَشیدَن »	*col.* to have sexual intercourse
سِیل	flood, torrent, flux
سیلی	slap in the face
سیم	wire, سیمِ خاردار, barbed wire
سِیُم (سِوُم)	third, thirdly
سیما	face, physiognomy

سینه	bosom, breast, سینه زَدَن, to beat the breast
سُئوال	question, سئوال کَردَن, to ask, inquire

ش

شاخ	branch; horn, شاخ دَرآوَردَن, *col.* to be lost in amazement
شاخَك	antenna
شادابی	freshness, juiciness, succulence
شادمان	happy, cheerful, شادمانی, joy, happiness
شال	shawl; scarf; woollen stuff
شام	Damascus; supper
شاهِد	witness
شاهراه	highway, main road
شَباب	youth
شَبنَم	dew
شُر (شُرشُر)	noise of flowing or falling water; gush of water
شَرارَت	wickedness, evilness, mischief, شَر, evil, mischief
شَرح	description, explanation, شرحِ حال, biography
شَرَر	spark
شُرُف	verge, point
شَرم	shame; modesty

شَست خَبَر دارشُدن *col.* to find out, sense, scent

شُستشو washing

شَستی piano key; push-button

شِعار motto, slogan, maxim

شَعَف joy, delight

شَفّاف clear, limpid, transparent

شَق stiff, erect

شَقاوَت insolence; villainy, شَقی, ruthless, vicious

شِکار prey, game; hunting

شِکافتَن to split, cleave

شِکَرآب *col.* coolness between friends

شُکرانِه gratitude, thanksgiving

شِکُفته opened as a bud, *fig.* cheerful, smiling

شِکل form, shape, figure; looks, appearance

شِکَم stomach

شِکَن curl, ringlet

شُکوه glory, magnificence

شِگَرف great; exquisite, wonderful

شَلّاق whip

شَلَنگ stride

شِلّه rugged; a kind of cloth

شَماتَت scolding, reproach, admonition

شِمال north; north wind

شَمایِل natural disposition; icon

شَمشیر sword

شِمه small part, little; specimen

شِنا swimming

شور anxiety, zeal, fervour, دِل شورزَدَن, *col.* to be anxious, uneasy

شورِش rebellion, insurrection; riot, tumult, disturbance

شوم inauspicious, unlucky, ill-omened, sinister

شُوهَر (شوی) husband

شَهامَت courage, valour

شُهَدا (*pl.* of شَهید), martyrs

شَهردار mayor

شَهسَوار skilful horseman

شَهوَت passion, lust

شِیپور trumpet, bugle

شِیخ shaik(h), venerable old man

شیرازه order; foundation; head-band of a book

شیروانی tin-plate roof, gable roof

شیعَه shi'ite (partisans of 'Alī, the first *Imām*)

شیفتگی infatuation, شیفته, infatuated, enamoured; eager

شیوَن wailing, شیون و شین, *col.* wailing, weeping, lamentation

ص

صاحِبمَنصَب army officer; civil official

صادِق truthful, loyal, صادِقانه, truthfully, loyally

صاعِقه thunderbolt

صانِع creator, maker

صَحن court-yard (especially to a shrine)

صَحنه scene, stage

صِدادَرآوَردَن to sound, make noise

صَدَد design; intention, دَر صدد بَرآمَدَن, to intend (to do something); to seek, enter upon, be about

صَدر اَعظَم the grand vizier, the prime minister

صَدَمات (*pl.* of صَدَمه), damages, injuries; adversities

صَرّاف cashier, money-changer

صَرف spending, using, consuming

صَریح clear, evident, explicit, precise

صُعود ascent, climbing, rising

صِغَر smallness, infancy, صغرِسِن, youth, juniority

صَفا purity; being pleasant, agreeable

صَفحِه page; surface, expanse, region

صَلَّی اللهُ عَلَیهِ وَ آلِه may God bless him and his family

صُوَر (*pl.* of صورَت), forms, faces, figures; phases; صُوَرِ ثَلاثِه, *lit.* the three figures, the trinity

صورَتَك mask

صورَتمَجلِس minutes of a meeting, *procés-verbal*

صيت fame, reputation

صيغِه temporary marriage; marriage formula; concubine

صِيقَل polish, lustre

ض

ضَبط confiscation, seizure; ضبط و رَبط, control; recording

ضَرب force, violence; striking; ضَربَت, stroke, blow; ضَرَبان, beating

ضَعف weakness, feebleness

ضِمن while

ط

طاغی rebellious

طاقچه window-sill, niche; ledge

طالِع fortune, luck; fate

طایِفه tribe

طَبایِع (*pl.* of طَبیعَت), natures, temperaments, dispositions

طَبل drum

طَپِش beating, palpitating, palpitation

طُپُق impediment in speech

طَراوَت freshness; moisture

طَرَب joy, delight

طَرز manner, form, style, mode

طُعمِه bait, prey

طَعن piercing with a spear; (طعن) طَعنِه, sarcasm, glib, taunt, irony

طُغیان rebellion, raging; inundation, breaking bounds

طِفل child, infant

طَلاق divorce

طِلِسم talisman, charm, spell

طَمَع	greed, covetousness, بی طَمَعی , disinterestedness
طَنّازی	coquettishness
طَنین	tone; tingling (in the ear), a tingling noise, طنین آنداز, tingling; tinkling; ringing
طَواف	circumambulation (of the *Ka'ba* or a holy shrine)
طوفان	storm
طِی کَردَن	to traverse, travel, negotiate; to fix, settle (the price of anything)

ظ

ظَرف	container, vessel, pot
ظَریف	fine, elegant, tender
ظُلم	oppression, cruelty, injustice

ع

عاجِز	helpless, weak, miserable
عادی	common, everyday, usual, customary
عاریَّت گِرِفتَن	to borrow, have on loan
عاصی	rebellious, refractory, disobedient
عاطِفه	affection, compassion, sympathy
عاقِبَت	end, conclusion; the future life

عالَم universe, the world, عالَمتاب, world-illuminating; عالَمی داشتَن, to have a mood of one's own, have a particular pleasure

عایِد کردن to cause to be earned

عَبا sleeveless cloak

عِبادَت divine worship; piety

عَبَث futile, useless

عُبور crossing, traversing, عبورکردن, to cross, pass through

عَبوس frowning, grim, austere

عَذاب torment, torture; punishment

عُذر excuse, apology

عَرّاف clairvoyant; magician

عَرش throne, throne of God; heaven

عِرض honour; reputation, عرض بُردَن, to damage a reputation

عَرض representing, petitioning; عرضِ اندام کردن, to demonstrate bodily strength, show off, shoot a line

عَرضِه presentation, exposure

عُرضه capability, ability

عَرَق sweat, perspiration

عَروسَک doll

عَروسی	wedding, marriage
عُریان	naked, bare
عَریضه	petition, a letter (from an inferior)
عَزا	mourning
عِزَت	honour, grandeur, glory; esteem
عِشرَت	joy, pleasure, comfort
عِشوه	coquetry, amorous playfulness
عَصَب	nerve, tendon
عَطاری	grocery
عَطسه	sneeze
عُقاب	eagle
عَقِب زَدَن	to draw back
عَقَبِه	remainder; follow up
عَقد	contract (especially a marriage contract)
عَقرَبَك	hand (of a clock)
عُقوبَت	punishment; requital
عَقیده	belief; opinion
عَکس	picture, photograph; contrary
عَلاوِه	excess, in addition, علاوه نمودَن, to add

عُلَماء (*pl.* of عالِم), learned men; scholars; religious authorities

عَلَی البَدَل alternate

عَلیحِده separately, apart, distinct, special

عَلَیهِ الرَّحمَه mercy be upon him, may he rest in peace

عَلَیهِ السَّلام peace be upon him [usually uttered after the name of a prophet or an *Imām*]

عِمارَت building, edifice

عُمدِه main, principal, chief

عُمر age; life, عمر وَفا نَمودَن, to live long enough (to achieve an objective)

عُنفُوان prime, bloom

عَواطِف (*pl.* of عاطِفِه), emotions, affections, sympathies

عُورَت privy parts, *by ex.* woman, wife

عُهدِه charge, trust, responsibility; obligation, undertaking, اَز عهده بَرآمَدَن, to be able to carry out (a task, etc.), to fulfil (an obligation)

عَیال wife; family; household

عیسیٰ Jesus

غ

غارَت	plunder, pillage; robbery
غالِب	most, majority
غایَت	extreme, excess
غُبار	dust
غِبطه	jealousy
غُربَت	away from home
غَرس	planting (trees)
غُرفِه	pavilion, booth; upper room; balcony
غَرقِه	drowned, steeped, soaked
غُرور	pride; passion
غَریزِه	instinct; nature
غَزَل	ode, lyric poem
غِژغِژ	squeak (as of shoes)
غَسالخانِه	place where the dead are washed
غَش	fit, fainting, swooning
غَفلَت	neglect, negligence, carelessness; ignorance
غَلَبِه	assault; dominion
غَلطیدَن	to roll

غُلغُل bubbling

غُلغُلِه hubbub, turmoil, tumult

غَليظ thick

غَمگين sad, sorrowful

غَنج زَدَن *col.* to be filled with longing; to rejoice

غُنچه bud, غنچه کردن, to bud; to purse (the lips)

غُنودَن to rest, repose, sleep

غوطِه dive, diving, dipping, plunging; steeping

غُوغا commotion, uproar, tumult

غول ghoul, giant

غِيب invisible, hidden, concealed; being absent

غِيبَت absence, concealment

غِيرَت zeal; jealousy, غِيرَتمَند, fanatic; zealous, jealous

غِيظ anger, indignation

ف

فاخِر(ه) fine; rich; excellent

فارِغ free, disengaged, burdenless, having just completed a task

فاسِد decayed, rotten; corrupt

فال	omen, فـال گـرِفـتَـن, to read an omen, divine, foretell, tell a fortune, فالِ نُخُود, fortune telling by changing the places of a set number of peas, بِـفالِ بَد گرفتن, to consider as a bad omen
فانوس	lantern, storm-lantern
فانی	mortal, perishable; transitory
فِتـنـه	sedition, rebellion; a feminine proper name
فَدا	sacrifice, ransom, فدا کاری, self sacrifice, devotion
فَراخ	wide, widespread, فراخنا, width
فَراخُور	suitable, fit, befitting, worthy
فَراری	fugitive, deserter, runaway
فَـرّاش	footman; valet; house or office servant
فَراغَت	leisure, ease; freedom from work or care
فَرا گرِفـتَـن	to learn
فَراموش خانِه	Freemason's Hall
فَرامین	(*pl.* of فَرمان), decrees; commands, orders
فَرتوت	old, ancient; decrepit
فَرَح	gladness, joy, فرح بَـخش, refreshing, pleasant
فَرسودِه	exhausted, weary, worn out
فَرش	carpet, mat, floor-covering
فِرِشتِه	angel

فَرط	excess
فَرق	difference; crown of the head
فُروختَن	to sell, فروختنِ نَنِه و بابا, *sl.*, *lit.* selling of one's parents, *fig.* to curse and abuse
فُروزان	luminous, bright
فُروزَندِه	lustrous, luminous, shining
فُروغ	light, brightness
فِروفِر	*col.* continual, non-stop
فَريب	deception, deceit; trick, فَريفتَن, to deceive, cheat; to seduce, فَريبَندِه, deceptive, alluring
فِشُردَن	to squeeze, press
فَصيح	eloquent; clear, lucid
فَضا	space
فُضول	meddler, busy body, 'Nosy Parker'
فِعلاً	now, at present
فَكَسَنى	*sl.* dilapidated, tumble-down
فُكُلى	(from French *faux-col*), gigolo, overdressed
فَلاخَن	catapult
فَلاكَت	poverty, distress, misery, misfortune
فُلان	such a one, a certain, such and such

فِلِزّات	(*pl.* of فِلِز), metals
فَلَق	dawn
فَنا	destruction; doom; non-existence
فَوّارِه	fountain; jet of water
فَواصِل	(*pl.* of فاصِلِه), intervals, distances, gaps
فوت	puff, blow
فُوج	regiment, squadron, body of men
فِی الجُملِه	in short; a little, some
فِی الحَقیقَه	in fact, in reality, indeed
فی حَدِّ ذاتِه	intrinsically; essentially
فِیض	grace, bounty; generosity

ق

قابِضِ آرواح	the taker of the souls, i.e. the angel of death
قابِلیَّت	ability, capability; merit
قاطِر	mule
قاطِع	decisive; cutting
قاطی	mixed
قالِب	mould; frame, قالب تَرَکاندَن, to die, 'kick the bucket'
قامَت	figure, stature

قایم hidden, concealed; firm, durable

قَبا long gown (open in front)

قَباحَت foul, shame, قباحت دارَد!, it is a shame!

قَباله title deed, bill of sale, قباله کَردَن, to purchase (by a deed of sale)

قَبر grave, قَبرِستان, graveyard, cemetry, قبرکَن, grave-digger

قِبلِه the *keblah*: point towards which prayers are directed, قبلۀ مَقصود, who or what is looked to for the attainment of one's object; روبِقبله, facing south

قَبیل kind, sort, اَز قبیل, such as

قَحطی famine, dearth, scarcity

قَدّاره double-edged sword, broadsword

قَدر value, worth; measure, amount, قَدری, a little, some, بِقدری, so much

قُدرَت power, ability, strength, کی قدرت دارَد بِمَن بگویَدتو؟, who dares to address me as thou? (instead of شُما which is the polite substitute); nobody is in a position to molest me

قَرار firmness, stability; regulation, arrangement, قراردادَن, to arrange, fix, establish, قراروَمدار, arrangement

قُربان sacrifice, sacrificial victim, عیدِ قربان, the feast of sacrifice (coinciding with the 10th of the month of ذی الحَجه, sometimes the latter is referred to as the month of قربان), قربانی, victim

قَرض loan, debt; requital

قِرقِره spool, bobbin

قَرن century

قُروض *pl.* of قَرض

قَزاقخانِه cossacks' quarters

قِسمَت destiny, fate, kismet; part, share

قِشری superficial

قُصور failing, default, falling short

قَضاوَت judgement

قَضيّه case, question, matter

قَطرِه drop

قَطع concluding, settling, fixing; determination, بِطُورِ قطع (قَطعاً), positively, decidedly, definitely, قَطعی, final, decisive

قَطعِه piece, segment, portion

قِطعَه a short poem which rhymes only in the last hemistichs

قَطور thick; bulky

قَفَس cage

قَفَسِه shelf, cupboard, cabinet

قُلّابی *sl.* false, counterfeit

قَلَم pen, قلم دادَن, to pass off; قلم مو, brush

قُلُمبِه (قُلُنبِه) *col.* high flown, bombastic; bulging, lumpy

قَلَمِستان plantation of young trees

قَلَمی slender, thin

قَلیان hookah, hubble-bubble, water-pipe

قَند lump sugar, قند تودِل آب کَردَن, *col.* to be overwhelmed with joy, to purr with pleasure

قوت food, قوتِ لا یَموت, bare sustenance

قوری tea-pot

قُوم people; tribe, family, قوم و خویش, relatives, kindred

قُوِه power, strength

قَهر force, violence; wrath, anger; sulking

قَهرِمان champion, hero

قَهقَهِه loud laughter, cachinnation

قِیّافه facial appearance; countenance, face

قِیّامَت resurrection

قِیچی scissors

قِید bondage, tie; obligation; restriction

ك

کابوس	nightmare
کاخ	palace
کار	work; business, occupation; affair, کار روی دَست کَسی گُذاشتَن, *col.* to burden someone with a troublesome affair; کارِ کسی را ساختَن, *col.* to do away with a person
کارآمَد	skilful, expert
کارد	knife, کارد بِاُستُخوان رَسیدَن, an expression roughly conveying the sense of 'last straw' in English: a predicament which usually drives one to extremes or desperation; کاردَش میزَدی خونَش دَرنمیآمد, *lit.* if you knifed him he wouldn't bleed: an expression used for extreme anger and indignation
کارگُزار	agent; functionary
کارگُزینی	personnel department
کاستَن	to reduce, lessen
کاش	*col.* would that, I wish
کاشی	tile
کاغَذ	letter; paper, (کاغذ سازی) کاغذ بازی, bureaucracy
کالِسکه	carriage, کالسکهٔ آتَشین, (now archaic) motor-car
کام	mouth; palate; desire; object of gratification, کامکاری, success, prosperity

کامیون	*camion* (French), lorry, truck
کانون	hearth, fireplace; focus, centre; hotbed
کَبلائی	corrupted form of کَربَلائی (see below)
کَبوتَر	dove, pigeon
کَبود	dark blue
کُتَك	beating, کُتَکّاری, beating, assault
کَجَکی	crookedly, on one side
کَچَل	scald-head
کُدورَت	resentment; displeasure
کَر	deaf
کَرامَت	granting, generosity
کِراوات	(French), cravat, necktie
کِرایه	hire, fare, rent, کِرایه نِشین, tenant
کَربَلائی	one who has made a pilgrimage to the holy shrines at Karbala
کَرَخ	numbed, insensible; rigid
کُرسی	four-legged wooden stool covered by a quilt under which a brazier is placed for heating in the winter
کُرور	crore; half a million
کُره	globe, sphere
کِساد	slackness (of trade), dullness of the market

کِسالَت	boredom, sluggishness; indisposition
کِسان	(*pl.* of کِس), followers, attendants; relatives
کَسب	acquisition, acquiring; trade, profession, کسب و کار, business
کِشانْدَن	to draw; to attract
کِشتزار	sown field, plantation
کِشمِش	raisins, sultanas
کَشیدِه	box on the ear, slap
کَشیك	guard, watch, post, sentry
کَعبِه	the *Ka'ba* (at Mecca); centre-point
کَف	floor; foam, froth
کَفَن	shroud
کُل	all, whole, total; entirely, کُلی, general, universal
کَلافِه	*col.* stifled, vexed, harassed
کَلام	speech, discourse, کلامُ اللهِ مَجید, the holy words of God, Koran
کُلاه	cap, hat, کلاه پوستی, hat made of skin, کلاه قیفی, long pointed cap
کُلبِه	cottage
کُلفَت	maidservant
کِلیسا	church

کَمال	perfection, excellence; utmost
کَمَر	loins, waist, کمرچین, folds about the waist (in old-fashioned garments)
کَمروئی	timidity, diffidence, bashfulness; modesty
کَم کَم	little by little
کُمون	lying hid; deep down
کُنار	lote (tree)
کِنار	side, verge, edge, کنار (کِناره) کَشیدَن, to resign, withdraw, go aside
کِنایه	allusion, metaphor
کُنج	corner; cosy corner
کُنجکاوی	curiosity
کُند	slow, heavy; dull-witted; blunt
کَندَن	to dig; to take off, کَند و کو, digging and searching, probing, exploring
کَندو	beehive
کُنده	stump of a tree
کُنه	depth, bottom; extreme
کَنه	tick (insect)
کَنیز	slave-girl; maidservant
کوچولو	(familiar for کوچِك), tiny, small

کوچه	lane
کِوِرِه	dirt
کوره	furnace
کوره سَواد	*col.* scant ability to read and write
کوزه	earthen jug, pot, pitcher
کول	back, the shoulder
کُولی	gipsy
کونه	heel; root; bottom
کُهولَت	age, oldness
کیسه	purse, sack, bag; pocket
کیش	religion, faith; bent
کِیفَر	reward, retribution
کِیفور	intoxicated; in a good mood
کِیفیّت	quality, state of affairs, circumstances, condition

گ

گاری	cart
گاس	*col.* perhaps, may be
گاه و بیگاه	now and then, sometimes
گَچ	plaster; lime

گُداختَن to melt, smelt, گدازَنده, melting

گُذاشتَن to place, put; to allow, permit, گُذاشت پُشتَش, *col.* quickened, accelerated, increased pace

گُذَران passing; subsistence, راهٔ گذران, manner of subsisting

گُذَشتَن to pass, proceed; to spare, از خود گذشتن, to spare one's life, sacrifice oneself, show self-sacrifice

گِرانجانی weariness, sluggishness

گَرد dust, powder

گِردو walnut

گُرگ wolf

گَرماگَرم tension, high pressure, state of excitement

گِریبان collar, دَست بِگریبان بودَن با..., to be up against..., be faced with...

گِریـیدَن (گِریستَن) to weep, گِریه, weeping; lamentation

گَزلیك poniard, dagger

گَزیدَن to bite; sting

گُستاخ arrogant, impudent, bold

گَشت و گُذار walk; excursion, tour

گُشنِه (*col.* for گُرسنِه), hungry

گُل flower; گل کردن, to flourish, brisk up, become popular

گُلاب rosewater

گُلبانگ shout, cry; clarion call; nightingale's song

گُلدَسته minaret (from which people are called to prayer)

گُلگون rose-coloured, red

گَلو throat

گُلولِه bullet, shell

گِلیم rug

گُنجایِش capacity

گَندُم گون dark-complexioned, swarthy

گُنگ mute, dumb

گوارا wholesome, digestible, agreeable, pleasant

گود deep; pit; کِنارِ گود نِشَستَن, to stay away from trouble; to watch but not participate

گور grave

گوسفَند sheep

گوش ear; گوش بِزَنگ, alert, expecting; گوش تا گوش, from one end to the other

گونِه cheek; sort, kind

گونی jute sack

گیرا effective, captivating

گیرَم *col.* supposing; though; only

گیس woman's hair

ل

لابِه moaning, supplication, entreaty

لاپوشانی hiding, لاپوشانی کردن, *col.* to hide (something)

لات vagabond; destitute

لاجوَردی blue, azure

لاشِه carcass, corpse

لاغَر slender, slim, thin

لال dumb, mute

لامُحالِه inevitably, assuredly; at least

لای dregs, sediment; clay

لایَتَناهی eternal, infinite, everlasting

لَبادِه long old-fashioned quilted cloak

لَب وَرچیدَن *col.* to join or withdraw the lips (cry or sob); to smack one's lips

لَپّه split peas

لَجبازی obstinacy, لَجوج, obstinate

لَجَن slime, black mud

لَجّه depth of the sea, abyss; لجّهٔ خون, sea of blood

لِحاف quilt

لَشگَر army; division (of an army); military

لِطافَت tenderness, freshness; grace, elegance

لُعبَت beautiful woman

لَعنَت curse, damnation, imprecation

لَغزِش slip, mistake, error; slide; لَغزَندِه, slippery

لَغو futile, nonsensical, useless; cancelled, cancellation

لَفظ word; utterance

لُقمان name of a celebrated eastern sage

لَکلَك stork

لِك لِك *col.* lagging, dragging

لُکنَت stammer

لِکه stain, spot

لَم يَزرَع waste; arid, barren (land)

لَهجه accent; dialect; tone of voice

لِه و لَوَردِه *col.* crushed, squashed

لِيّاقَت merit, worthiness, capacity

لِئامَت vileness, baseness

ليفه trousers' hem

م

ماجَرا adventure

ماچ *col.* kiss, smack

مار snake; مار را اَز سوراخ بیرون کَشیدَن, *lit.* to lure a snake out of its hole (used to describe the ingenuity of a cunning person)

ماشین کردن to type

مافُوق superior; beyond, above

مالِش rubbing, stroking, pat, chafing, friction, مالیدَن, to rub

مالیّات tax(es), revenue

مَأمور functionary; charged, ordered, commissioned

مَأنوس familiar, acquainted; intimate

ماهوت broadcloth; woollen fabric

مایِع liquid

مایِه capital; stock; essence; seed

مَبادا lest; let it not be

مُبارِزه struggle, battle, confrontation

مُبتَذَل commonplace, hackneyed; ridiculous

مُبتَلا (مُبتَلی) afflicted, suffering; affected by; given to; attached

مُبهَم vague, obscure, ill-defined; uncertain

مَبهوت stupified, confounded, dumbstruck

مُتَبَرِّکه holy, blessed, sacred

مُتَحَیِّر astonished, amazed, surprised

مُتَعَجِّب surprised, astonished, wondering

مُتَعَدِّده numerous

مُتَغَیِّر angry, indignant; changeable

مُتَلاشی scattered; decomposed, annihilated

مُتَلَوِّن variegated; of various colours; fickle

مُتَمَتِّع enjoying; rich

مَتن text

مُتَناسِب suitable, appropriate; proportionate

مُتَنَعِّم prosperous; fortunate

مُتَوَجِّه mindful, careful, inclined (towards), facing

مُتَوَحِّش afraid, scared, terrified

مُتَوَسِّطُ القامَه middle-size, average height

مُتَوَسِّل having recourse, متوسل گشتَن, to have recourse; to resort

مُجازات punishment; penalty

مَجال opportunity; capacity

مُجاوِر adjacent, neighbouring

مَجد glory; greatness

مُجرى to take place, occur

مُجَسَّم personified, مجسم ساختَن, to visualize

مُجَسَّمه statue; embodiment

مُجَهَّز equipped, prepared; armed

مَجهول unknown, obscure

مُچ wrist; مچ باز شُدَن, *col.* to be caught in the very act, to be found out

مَحال impossible

مُحتَوى content, containing

مُحَرِّك stimulant; instigator

مَحرَمان (*pl.* of مَحرَم), confidants, intimate friends; close relatives

مَحرَمانِه confidential, private, secret

مَحروم deprived, barred

مَحسوب regarded, reckoned, محسوب شُدَن, to be reckoned, be regarded

مَحسوس felt; perceived

مَحشَر gathering place; the day of judgement

مَحض pure; mere, simple, محضِ, for, for the sake of

مَحضَر presence; audience; public notary's office

مَحظوظ pleased, delighted; satisfied

مَحفوظات (*pl.* of مَحفوظ), recollections, attainments (of the mind)

مُحَقَّر small; despised

مَحکومیَّت condemnation, conviction

مَحَل place; مَحلِ, subject to, liable to; مَحل گُذاردن, *col.* to pay attention

مَحَلِّه quarter, district

مِحنَت misery, misfortune, toil, affliction

مَحو obliterating, elimination, wiping out

مُحَیِّرُ العُقول wonderful, amazing, incredible

مُخاطَب addressed, spoken to, مخاطب داشتَن (قَرار دادَن), to address, speak to

مُخالِف opponent, adversary

مُختَصَر abbreviated; little, brief, inconsiderable

مُخَیِّلِه mind; imagination

مُدام always, constantly, continually

مُداهِنِه flattery; wheedling

مُدَبِّر sagacious; efficient; prudent

مَدخَلیَّت interference; having influence

مُدَّعی claimer, claimant

مَدفون buried

مَدَنی civil, secular

مُدَوَّن compiled, codified; arranged

مُدهِش terrifying, dreadful; astonishing

مَراتِب (*pl.* of مَرتَبِه), degrees, grades; particulars; بِمراتب, relatively, in comparison

مُراد desire, wish

مُراعات observance; showing regard or respect (to something)

مُراقِب watchful, attentive, observant; looking after

مُراوِدِه amiable relations, intercourse, social contact

مُرَبّی tutor, teacher

مَرحَلِه phase; stage

مُرَخَّص dismissed; freed; permitted to leave

مَردِحِسابی sensible man, reasonable man; dignified man

مُردِه شو(ی) one who washes the dead before burial

مَرز border, frontier; مرزوبوم, native land; region

مَرطوب moist, damp

مَرقَد sepulchre, tomb

مَرگ زا death-bearing

مَرهَم ointment

مُزاحِم troublesome; nuisance; causing inconvenience

مَزایا (*pl.* of مَزیّت), advantages; excellence

مَزبور mentioned, aforesaid

مُژدِه good news

مِس copper

مَست drunk, intoxicated, tipsy

مُستَبِد despotic, autocratic; absolutist [as opposed to مَشروطِه خواه, i.e. constitutionalist]

مُستَحفِظ guard, protector

مُستَحَق deserving, worthy

مُستَراح lavatory

مُستَشار advisor, counsellor

مُستَظرَفِه elegant, fine

مُستَولی predominant, dominating, paramount; prevalent; seizing

مَسرَت joy, pleasure, happiness

مُسَلَط dominant; overlooking

مُسَلَم certain, definite; undeniable

مَسموم poisoned

مَسنَد seat; throne; *fig.* position, place

مُشاهده observation, observing, witnessing

مُشت fist; handful

مُشرِف overlooking; imminent, impending

مَشق exercise, practice; drill

مَشَقَّت hardship, labour

مَشك water-skin

مَشکوک dubious, doubtful, uncertain

مِشکی black, dark

مَشمول included, contained, مشمول, liable to, subject to

مَشهَدی one who has made a pilgrimage to the holy shrine of *Imām* Riẓā at Meshed

مَشی policy, trend

مُصادِف concurrent, coinciding

مَصارِف (*pl.* of مَصرَف), expenditures; consumptions

مُصِّر persistent, insistent

مِصرَع hemistich

مُضحِك funny; comic, comical; ridiculous, droll

مُضطَرِب worried, anxious, disturbed

مَضمون contents, subject-matter; meaning

مُطابِق conforming, agreeing; similar, equal (to), مُطابِقَت, concordance, conformity

مُطالَعِه study, reading

مُطلَق absolute; unlimited, unconditional; full, complete

مَعاش livelihood, means of subsistance

مُعامِلِه business transaction; negotiation; dealing

مُعاهِدِه treaty; alliance; agreement

مَعايِب (*pl.* of عِيب), defects; faults, blemishes; vices

مَعبَد temple, place of worship

مَعبَر passage, thoroughfare; ford, ferry

مَعبود worshipped one, idol; God

مُعتَمِدين (*pl.* of مُعتَمِد), confidants, the trustworthy

مُعجِزِه miracle

مَعدوم annihilated, destroyed

مَعرَض place of exposure, exposed to, exposing

مُعَرِفى introducing, presenting

مَعصوم innocent, مَعصوميَّت, innocence

مُعَطَل delayed, kept waiting; معطل ماندَن, to be at a loss, be bewildered; to be kept waiting

مُعَلَق hanging, suspended

مُعَلِّمِه (*fem.* of مُعَلِّم), female teacher

مِعمارى architecture

مَعمول usual, customary; مـعـمول داشـتَن, to practice; to observe

مَعيوب damaged, defective; injured

مَغز kernel; marrow; brain; مـغـزِخَر, donkey's brain; مَردُم مَغزِخَر نَخوردِه اند, *sl.* people are not fools

مَغموم sad

مَفتون fascinated; charmed; eager

مُفتی gratuitously, free of charge

مُفَرَح pleasing; refreshing; exhilarating

مُفرِط excessive; great

مَفهوم meaning, sense; conception

مُقابِل opposite; facing, in front of

مُقاوِمَت resistance

مُقايِسه comparison, comparing

مُقتَضا (مُقتَضی) exigency; necessity; required, called for, *pl.* مُقتَضيّات, circumstances; fit, appropriate

مُقَدَمَةُ الجِيش advanced guard; forerunner; *fig.* beginning

مُقَرَبان (*pl.* of مُـقَـرَب), intimates

مُقَرَر established, confirmed; مقرر داشتَن, to appoint; to order; to prescribe

مُقَصِر guilty; culprit

مِقياس scale; measure; *by ex.* yardstick, criterion

مِك sucking, مك زَدَن (مِكيدَن), to suck

مَكتَب old-fashioned elementary school; school

مَكث pause

مُكَدَّر vexed, gloomy, hurt

مُكَرَّر repeated, repeatedly

مَكروه abominable, detestable

مُكَلَّف charged with a duty, bound; having attained puberty (hence obliged to perform religious precepts)

مُكنَت wealth; power

مُلاطَفَت kindness

مِلاك criterion; ground, proof

مَلّاك landlord, landowner

مَلامَت rebuke, reproof, censure

مُلايِمَت mildness, gentleness; tenderness

مُلَبَّس dressed, attired

مُلتَفِت aware, conscious; paying attention to

مُلتَهِب inflamed

مُلحَق joined, attached, annexed; adherent

مَلَخ locust

مَلَك angel

مِلَل (*pl.* of مِلَّت), nations

مَلمَل muslin

مَلوس *col. mignon*; lovely

مَلول weary; vexed; dejected

مُمتاز superior; privileged; choice, select

مُمتَنِع impossible; inaccessible

مَملُو full, filled

مُنار minaret

مَناعَت pride, magnanimity

مِن بَعد henceforth

مُنتَخَبه selected, chosen

مُنتَهى (مُنتَها) only; except that; end, utmost extent

مُنجَر terminating (in), leading to, resulting (in)

مَنجِلاب cesspool

مُنجَمِد frozen

مَنحوس sinister; wretched; awkward

مُندَرِج inserted; written

مُندَرِس worn out, shabby

مُنشى secretary, clerk

مَنطِقى logical; sound

مَنظومِه	system (of stars); composition in verse
مِنقار	beak (of a bird)
مُنَقِد	critic
مَنقَل	brazier
مَواد	(*pl.* of مادّه), articles, matters, materials
مُوت	death
مُوج	wave
موجَز	brief; precise
مورچِه سَواری	large ant
مورِد	case, instance; object
مُوزون	harmonious
موزِه	museum
مُوسوم	called, named, known as
موسیٰ	Moses
موش	mouse; موش مُردِه شُدن, *col.* to assume an innocent air
موشِکاف	hair-splitting
مُوضوعِه	fixed; enacted; established
مُوقوفات	(*pl.* of موقوفِه), pious bequests, endowments
مُوکَب	retinue; cavalcade

مولَك little bastard

مونِس companion; intimate

موی دَماغ *lit.* the hair of the nose; *met.* a bore; an unwelcome intruder; nuisance; 'pain in the neck'

موئين hair-like; hairy

مِه mist, fog

مَهار bridle, halter, مهارزَدَن, to halter; *fig.* to subjugate

مَهتاب moonlight

مِهرَبان kind, affable

مُهرِه marble; bead

مُهلِك fatal, deadly; destructive

مُهمَل nonsensical, good-for-nothing

مُهيب formidable, dreadful; hideous

ميّانجی go-between; mediator

ميّانِه middle; liaison

ميرزا title used before the name of a gentleman (now abolished)

ميزان basis; extent, degree; balance; measure; scale

مُيَسّر possible, feasible; facilitated

مينائی blue; enamelled; glazed

ن

ناپّدید invisible; absent; disappearance

ناتَوانی weakness, inability; want of power

ناچیزی poverty; lack of means; trifle; *fig.* ignorance

ناخَلَف degenerate; spurious; unworthy of one's father

ناخُن nail

ناخُوشی illness, indisposition

نارگیلی narghile

ناز endearment; blandishment, fondling; coquetry; affected manners, ناز و نعمَت, elegance and comfort; affluence; easy life

نازُک thin, tender, delicate

نازَنین beloved; delicate, tender

ناسازی discordance; being out of tune, ناسازگار, discordant; uncongenial; unsuitable; incompatible

ناشتائی breakfast

ناشی inexpert; arising, resulting

ناظِر spectator, onlooker; overseer, supervisor

ناظِم registrar; superintendent

نافِذ penetrating; obeyed; executionable

نافرمانی disobedience

ناکام unsuccessful, disappointed, one who has failed in obtaining his desire, ناکامی, unfulfilled desire

ناکَس ignoble, mean, base

ناگَوار unwholesome, distasteful; unpleasant; irksome

نالِه lamentation, moaning, groan

نامداری fame, reputation; illustriousness

نامُرادی disappointment, failure to obtain one's desire

نامِ نامی celebrated name

ناموس chastity; good name; law, principle; female members of a family

نان bread, نان توئ رُوغَن, *col.* bread buttered on both sides

نانَجیب unchaste, of easy virtue, wanton

ناودان roof-gutter

ناهَنجار uncomely; crooked; rough

نائِل arriving, obtaining; attaining

نِثار کَردَن to offer; to strew

نَخ thread, string; cord

نِخوَت arrogance, haughtiness; conceit

نُخودی buff (colour)

نِدا proclamation; interjection

نُدبِه lamentation, weeping

نَذر vow, oblation; promise made to God

نَرم نَرمَك *col.* slowly, softly, little by little

نَزد near, beside, with

نَسيم breeze

نَشاط joy, cheerfulness

نِشانه mark, sign

نُشخوار chewing the cud, rumination

نَشو و نَما growth

نَصارا the Christians

نَصب erecting, fixing, installing; establishing

نِصفُ النَهار midday

نَصيب lot, share; destiny

نُطفِه sperm, seed

نِظامنامِه regulations, constitution, article of association

نَظَر sight, vision; look; نظركَردِه, blessed by saints, favoured

نَظم order; discipline; verse

نَظميّه police-station

نَظیر like, equal, similar, resembling, peer

نَعره scream, roaring, yelling

نَعش corpse

نِعَمات (*pl.* of نِعمَت), blessings; bounties, affluences

نِفرین curse, imprecation

نُفوس (*pl.* of نَفس), souls, persons, people, populations

نَفیس exquisite; precious

نِقاب mask, guise

نَقّادی criticizing

نِقرِس gout

نَقش painting, portrait; imprint; impression

نَقشِه map; plan

نُقل comfit, sugar-plum

نَقل quoting, recounting, relating; transporting; نقل داشتَن, to have much to tell about, be worthy of description

نُکتِه point, subtlety

نگران (*pres. part.* of نِگَریستَن), looking, beholding

نِگین stone of a ring, signet

نَماز prayers

نَمایان visible, apparent, clear

نَمایِش appearance; representaion; play, show

نَمَك خوار *lit.* salt-eater; *fig.* one who receives hospitality at another's table

نِمونِه sample, example, specimen

نَنِه *col.* mamma

نَوا imitation, mimicry; melody, tune; song; ease of life; sustenance; نَواساز, composer of music; melodious; بِه نَوا رَسیدَن, *col.* to prosper, thrive, have one's day; نَواختَن, to play a musical instrument; to caress, blandish, strike; sooth, نَوازِش, caressing, fondling

نَوالِه morsel, victual; draft or gulp

نُوآموز beginner, novice, primary school student

نُوحَه mourning, lament; dirge, keening

نُورَسیدِه newly ripened; coming of age

نوش wholesome drink; *by ex.* joy, pleasure

نُوكَرباب with the manners of a servant

نُومید hopeless, despairing; disappointed; desperate

نَوِه grandchild

نِهاد heart; nature; habit

نَهُفتِه hidden, concealed

نَهیب	awe; dread; browbeating
نیّاز	need, indigence; supplication
نیّت	intention, resolution, purpose
نِیزه	spear, javelin, lance
نیش	sting, prick
نیکبَختی	good fortune, prosperity
نیل	indigo
نِیلَبَک	wooden pipe
نیلوفَری	of the colour of the water-lily, blue
نیمکَت	seat, bench; sofa
نیمِه جان	half dead
نی‌نی	cornea (of the eye)

و

وابَستِه	attached to, related, connected; attaché
واجِبات	(*pl.* of واجِب), obligations, duties
واداشتَن (وادار کَردَن)	to compel, oblige, persuade; to hold back
وارِث	heir
وارِد	arriving; وارد آمَدَن, to happen, befall
وارِسی	investigation; control

وارونه inverted, upside down; contrary

واسِطه mediator; reason, cause; sake

واسِیه *col.* for واسِطه (see above)

واعِظ preacher

واقِعه occurrence; accident; incident, event

واکس shoe-polish, shoeshine

والِدَین (*pl.* of والِد), parent, father and mother

والله by God! والله بِالله, pray God!, by God!

وانگَهی and then; moreover, besides

واهِمه awe, fear

وِجاهَت beauty

وَجد joy, rapture

وَجَنات (*pl.* of وَجَنَه), cheeks, *fig.* outward appearance

وَجه face; aspect; mode, manner; funds, money

وَحال آنکه whereas

وِداع farewell

وَر side

وِرّاجی talkativeness; prattling

وَرپَرِیده *col.* a swear-word: wishing someone's sudden death (but only as a figure of speech)

وَسواس	scruple, irresolution
وَسوَسه	temptation
وَصلـه	patch
وَصـيَّت	last will, testament
وَضع	position, situation; وضع کَردَن, to enact, institute, establish; to invent, coin
وُضو	ablution, ceremonial cleaning (before prayers)
وَفا	faithfulness, loyalty
وَفات	death
وَقار	soberness; grace, dignity, majesty
وَقایـع	pl. of واقِعَه
وَکیل	agent, deputy, representative; attorney; proxy
وَکیل باشی	sergeant major
وِلادَت	birth
وِلولـه	clamour, tumult
وَلـیـعَهد	heir-apparent; crown prince
وَهلـه	instance; moment
وِیلان	wandering, vagrant

ه

هاج و واج stupified, bewildered, agog

هان behold! beware!

هاویّه hell; abyss, pitfall

هایل frightful, terrible

هِجرت departure; emigration; the flight of Mohammed from Mecca to Medina in A.D. 622, which is considered as the beginning of the Mohammedan era

هِجری appertaining to the Mohammedan era (see above)

هُجوم attack

هَدَر useless; wasted; lost labour

هَدیِه gift, present, offering

هَراس fear, dread, هراسان, alarmed, frightened, fearing, هراسانی, bewilderment; fear, alarm

هِرت *sl.* lawless; disorderly

هرچِه رِشتِه بود پَنبِه شُد all he had done was undone; his cake was dough

هَرزِه loose liver; frivolous, profligate, libertine; vain, futile

هُرم heat; glow

هِق هِق گریِه کَردَن *col.* to weep convulsively; to sob

هَلاك death, perishing; destruction

هُلفدونی	*col.* black hole, prison-cell
هَمبازی	playmate
هِمت	ambition, aspiration, highmindedness; endeavour
هَمخوابِگی	cohabitation, bed-fellowship
هَمدوش	shoulder to shoulder, parallel; equal
هَمقِطار	colleague, comrade
هَمنِشین	companion
هَمهَمِه	commotion, uproar; noise
هِندوانِه	water-melon
هُنَر	art, skill; talent, virtue; feat
هَنگامِه	commotion, tumult
هُو	false rumour, هوکَردَن, to heckle; to ridicule
هَوا	air; desire; caprice (in the latter sense usually used with هَوَس)
هَواخواهی	partisanship; taking sides
هوش	intelligence, mind; intellect
هُول	fear, fright, dread; anxiety, هولَکی, *col.* agitatedly, out of panic
هِی	*col.* again and again, repeatedly; continually; هی کَردَن, to urge on (an animal)
هَیاهو	uproar, tumult, hullabaloo

هَیَجان excitement; tension

هِیکَل (*pl.* هَیاکِل), figure, stature, form; anything large-sized

هَیولا monster

ی

یادآوَری reminder; recollection

یارای ability, power, strength

یارو *col.* fellow, that fellow (often used contemptuously)

یاری help, assistance; friendship

یاقوت ruby, cornelian

یَخه (یَقِه) collar, یخه گِرِفتَن, *col.* to seize (by the collar)

یَدی manual

یَسار left

یَعنی namely, that is to say, to wit

یَقین certain, certainly, یقیناً, certainly, decidedly

یَکتا single, unique, one

یَکسَر totally, entirely; without interruption

یَکنَواخت monotonous

یَلِه released, loose

یَهود the Jews, یهودی, Jew, Jewish

یَهَوَه Jehovah

NOTES

1   Muẓaffaru'd-Dīn Shah, the Qajar king (succeeded to throne in 1896) who established the constitutional monarchy in Iran.

2   Literally, I will lower my flag, i.e. 'quit'.

3   An interjectional phrase used on a variety of occasions. In our instance as an announcement to the women inside the house that a man is entering.

4   The celebrated romantic hero of poet Niẓāmī.

5   The famous quatrain writer of Hamadan who lived around the eleventh century A.D.

6   The famous river in Isfahan.

7   Armenian quarter in Isfahan.

8   The ninth month of the Mohammedan calendar, the month of Muslim fasting.

9   Unlike in Arab lands where the metal hand is regarded as the hand of Fāṭima (Prophet's daughter), in Iran it symbolizes the hands of 'Abbās (Abu'l-Faẓl) which where both cut off during the battle of Karbala.

10   The second son of 'Alī and the third *Imām* of the Shī'īs.

11   The martyrdom of Ḥusayn and his family at Karbala.

12   Ḥusayn's son who was killed in the battle of Karbala.

13   Ḥusayn's step-brother who showed great bravery at the battle of Karbala before he fell.

14   *Imām* Ḥasan's son whose marriage procession just before the catastrophe and his immediate death is one of the moving episodes of these ceremonies.

15   The camel-driver who, according to Shī'ite martyrology, cuts the finger ornamented with a ring from Ḥusayn's body.

16   A lion is said to have protected the body of Ḥusayn from profanation after the massacre of Karbala. A boy disguised as a lion normally plays this part in the passion-plays.

17   On the thirteenth day of the year (Persian calendar) it is customary for all the people to go for a picnic and indulge in merriments in order to remove the harmful influences of the number thirteen.

18   Title of Ḥāfiz.

19   The traditional beginning of a Persian tale, comparable with 'once upon a time' in English. The literal translation is: 'there was one, there was none, there was no one but God'. The ensuing phrases are also occasionally added.

20   The traditional ending of a Persian tale.

21   Chosroes II (A.D. 590–628).